보여주고 싶은 우리 동네 역사

문화유산 다이어리

프롤로그

2021년 2학기에 문화유산대학원의 문화유산활용론 강좌를 맡았다. 첫 시간에 10분의 수강생들께, 여러분들이 원하신다면 가장 기억에 남을 '문화유산에 관한 각자의 에세이'를 담은 공동 책을 집필할 것을 제안하였다. 그것이 계기가 되어, 지금까지 살아온 인생이 전혀 다르지만 문화유산을 좋아한다는 공통점을 가진 우리는 각자가 소중히 여기는 문화유산을 대상으로 삼아 에세이를 쓰기 시작하였다.

수업시간에 각자 집필 중인 '문화유산 에세이'에 대하여 발표하고, 상대방으로부터 귀한 코멘트를 받기도 하고, 공주와 부여의 문화유산을 함께 답사하기도 하였다. 그 결과, 반년 만에 우리의 노력이 열매를 맺어 하나의 문화유산 에세이가 탄생하게 되었다.

지난 반년간 우리는 각자의 문화유산 에세이를 공유하면서, 각자의 삶과 가치관을 함께 나누는 시간을 가졌다. 문화유산 이외에는 전혀 공통분모가 없을 것 같은 우리는 시간의 경과와 함께 무지개처럼 멋진 하모니를 이루어냈다고 자평해본다. 이같이 소중한 인연을 맺게 해준 문화유산에게 진심으로 고마움을 표하며, 10분의 선생님들과의 인연이 문화유산을 매개로 지속되기를 소망해본다.

  본연의 일로 바쁘신 와중에도 포기하지 않고 공동 집필에 마지막까지 참여해주신 10분의 대학원생 모두에게 감사드린다. 수업을 진행하는 동안 그들은 나의 학생이자 선생님이었다. 오히려 나에게는 배운 것이 더 많은 소중한 기회였다. 특히, 문화유산활용론 수업의 대표로서 책이 나오기까지 편집, 디자인, 출판 등 궂은 일을 도맡아주신 이세정 선생님에게 감사드린다.

  끝으로, 본 책은 공주대학교 문화유산대학원의 문화유산활용론 수업에 참여한 대학원 선생님들의 자력으로 이루어졌다는 점에 가장 큰 의미를 부여하고 싶다. 향후 이와 같은 활동이 지속되어서 우리 문화유산대학원의 하나의 전통이 되기를 조심스럽게 기대해본다.

  코로나19가 끝나면, 집필로 고생하신 10인의 문화유산 작가님들과 함께 에세이에 언급된 문화유산 장소들을 답사하고, 조촐한 우리만의 출판 기념회도 하고 싶다.

  그날을 기다리며.

2022년 2월 임류각에서
Tom, 박지훈

목차

내 고향의 수호신, 행당동 아기씨당 오지연 ········· 8

지리학자가 들려주는 공산성 이야기 박지훈 ········· 26

이 시대의 유 아무개, 충청도 양반골 아산외암 민속마을을 찾다 유규상 ········· 44

올공에 가면 몽촌토성이 있다 이은경 ········· 62

평화를 꿈꾸는 금수강산, 금산에 살어리랏다 김인숙 ········· 82

도깨비도 흥겨운 천안삼거리 오이석 ········· 100

나의 아이돌, 서산마애삼존불 **이세정**	120
버그내 순례 브이로그 **구세주**	138
사정성(沙井城)의 부활을 꿈꾸며 **임세환**	154
700년만의 천도, 세종시 대평 **김상아**	168
금동대향로, 잊혀진 왕의 기도 **김지은**	186
1,400년 전 사비백제 속으로 **다함께**	206

내 고향의 수호신, 행당동 아기씨당

어른이 되어 어릴 적 뛰어 놀던 동네 한 바퀴를 돌아본다. 내 고향 왕십리의 논밭은 도로가 되었고, 산동네는 아파트가 되었으며, 돌과 숲으로 뒤범벅이던 뒷산은 큼직한 공원이 되었다. 사람이 살아가기 편리하게 변해가는 것이니 살기 좋은 마을이 되어서 좋아해야 하는 것이 당연한 일이지만, 그래도 '내 고향 왕십리'라고 하면 그곳, 그 이야기를 말할 수 있는 정체성을 가진 무엇인가가 하나 쯤은 남아있었으면 하는 아쉬움이 남는다. 새로운 것을 정착시키고자 옛것을 모두 지워버리면 기억에만 남아있는 것들의 증명이란 것은 결국 망상이 될지도 모를 일이다. 이미 내 고향의 옛것들은 하나씩 사라져가고 있다.

내가 태어나기 이전의 그 이전부터, 왕십리에는 매년 음력 10월 초가 되면 열리는 행사가 있다. 마을의 길흉화복을 비는 대동제이다. '행당동 아기씨당 대동굿'이 시작되는 무렵이면 할머니는 공양미를 준비하셨고, 어머니는 마을 여자들과 제물거리를 장만하셨으며 마을의 남자들은 사람을 모아 서로의 일을 나누었다. 그들은 왕십리에서 태어나 살아가는 사람도 있었고 타 지역에 고향을 두고 왕십리에 정착하여 살아가는 사람도 있었다.

적어도 내가 기억할 수 있는 몇 해까지만 해도 매년 음력 10월(초3일)이 다가오면 마을 큰 길가에는 대동굿의 시작을 알리는 현수막이 걸렸다. 그것은 마을의 안녕을 기원하는 마을축제 시작의 전령사였으며 그로 인해 동네 사람들은 곧 다가올 마을축제에 대한 이야기들을 서로 나누었지만 얼마 전부터는 그 현수막이 걸리지 않는다.

도시재개발로 대동제 굿을 주관하는 행당동 아기씨당이 철거가 된 탓이다. 다행히 행당동 아기씨당은 이전 복원될 예정으로 현재 공사 중이지만, 원주민이 떠나고, 새로운 유입 주민들은 조선시대부터 꾸준히 이어져 온 행당동 아기씨당 대동굿의 의미를 과연 어떠한 시선으로 바라보게 될 지는 알 수가 없다. 그러므로 왕십리의 도시개발 끝에 유입되고 변화되는 새로운 문화와의 융합과정에 있어서 오래된 지역 마을 문화의 고유성을 잃지 않는 자리매김을 위해 부단한 노력이 있어야 할 것은 자명한 일이다.

 태어나서 중년의 나이가 훌쩍 넘도록 살아온 내 고향 왕십리와 행당동 아기씨당은 새롭게 변화되는 마을과 낯선 사람들을 맞이해야 한다. 변화의 물길을 막을 수 없으니 물길 따라 자연스럽게 동화되어 살아가야 하지만 남아있을 옛사람들과 이곳에 터전을 잡고자 발을 딛는 새로운 사람들이 더불어 살아가기 위해서라도 누군가 왕십리가 품은 오랜 역사 이야기 하나쯤은 기억해야 하지 않겠나. 몇 해 전 행당동 아기씨당 대동굿이 열렸던 그 날을 회상한다.

대동제 행사 전 마을을 돌고, 마당에 도착하여 풍물 한 판을 벌이는 모습

조선시대 모퉁이에 서다

커다란 도심 한복판에서 꽹과리와 북을 치며 흥겨운 피리 소리의 어울림에 맞춰 풍물의 기교가 펼쳐지고 있다. 행당동 아기씨당 깃발을 앞세운 풍물패의 행렬에 삼삼오오 줄지어 마을굿마당으로 모여 가는 사람들의 발끝을 보며 나의 발걸음도 저절로 그들을 따라간다. 풍물놀이패는 사람들의 눈길과 웃음에 더욱 더 흥겨운 어깨춤을 추며 행당동 아기씨당 마당 한복판에 도착해 드디어 신명나는 한 판의 놀이로 대동제의 시작을 알린다.

평범하게 생각했던 굿과 달리 행당동 아기씨당굿은 유교식 제례를 먼저 지낸 후 본격적인 굿을 시작한다. 그것은 미디어나 일상에서 간간이 접했던 일반적인 굿이 아니다. 종묘에서나 볼 수 있을법한 유교식 제례와 굿이 혼합된 형태로 조선 시대부터 내려오는 형식을 그대로 재현한다. 굿은 나와 구경꾼들의 잰 발걸음을 묶기에 충분히 매력적이다.

피리, 장구, 해금 소리가 어우러져 경건히 진행되는 제례를 보고 있자니 먼 옛날 사직단의 모퉁이에서 하늘과 땅의 경건한 화합을 엿보며 간절한 소망과 기대를 품었던 조선시대 백성들의 마음이 느껴진다. 어느새 나도 모르게 두 손을 가슴에 끌어 모으고 있었다.

유교식 제례의 모습

> 4대째 내려오는 지역의 대표 마을굿
>
> # 서울특별시 성동구 행당동 아기씨당
>
> 서울시 민속문화재 제34호

종목 : 서울시 성동구 향토문화재 제1호(2001.04.30)
　　　 서울시 무형문화재 제33호(2005.01.10)
　　　 서울시 민속문화재 제34호(2017.04.13)
분류 : 유적·유물 / 문화재·의식행사 / 무신도
소재지 : 서울시 성동구 행당동
시대 : 조선시대
문의 : 행당동 아기씨당 공식 블로그(blog.naver.com/osy721)

행당동 아기씨당굿은 서울 지역의 대표적 마을굿으로, 현재 4대째 계승되어 내려오고 있다. 의례 형태는 마을굿이지만 일반적으로 널리 알려진 농어촌 굿과는 다른 도심형 당굿 형태를 갖추고 있으며, 마을 주민들의 참여가 적극적이다.

현재까지 7대째 '열쇠고지기(당 관리자)'의 책임 하에 관리계승이 이어져오고 있으며, 그 역사는 적어도 270년 이상이다. 이러한 가계계승의 구조는 조선시대부터 현재까지 내려오며 의례의 전통성이 이어지고 있다는 점에 의의가 있으며, 마을 주민들의 적극적인 참여로 지역 주민의 화합을 도모하는 마을굿, 지역 축제로써의 가치도 지니고 있다.

샤머니즘 박물관장인 양종승 박사는 2013년 우리문화신문의 기고문을 통해 "무엇보다도 중요한 것은 산업화되고 서구화된 사회구조 속에 갇혀 있는 현대인들의 이기주의적 생활 속에서도 이곳 마을민들은 행당동 아기씨당굿을 통해 대동단결을 모색하고자 한다는 것에 더 큰 의의가 있다"고 그 가치성을 밝히기도 했다.

제례가 끝난 후 굿이 시작되기 전, 마을 사람들은 남녀노소 어울려 제례 음식을 나눈다. '음복'이라 했다. 자원봉사자들은 부산스럽게 움직이며 먹거리가 가득한 밥상을 차리고, 오전 내내 마당 한 켠에서 연거푸 하얀 연기를 뿜어내던 국을 담아 구경꾼들에게 나누어 주었다. 옛사람들의 소박했던 나눔이 제례 후 음복의 형태로 재현되고 있는 것이다. 배고픔을 덜어낸 넉넉함 때문인지 밥상 위로 이웃들의 정겨운 함박웃음이 쏟아진다.

굿이 시작되자 분위기는 완전히 달라졌다. 형형색색의 옷을 입고 악기 소리에 맞추어 하늘을 날 듯 움직이는 무녀와 크고 작은 소리로 웃는 마을 사람들. 그렇게 굿은 마을 축제의 절정을 치달리며 굿의 '거리거리(순서)'가 하나둘 지나가고 행당동 아기씨 당굿 무형문화재 보유자의 고유 순서인 '아씨님 거양거리'와 '공수(축원이나 신의 예언)'가 시작되었다. 마을 사람들은 그 주변에 모여 들며 자신의 얼굴을 먼저 디밀기 바쁘다. 무녀 주위를 둘러싸고 두 손을 모은 사람들의 간절한 눈빛은 차마 애절하기까지 했다.

무녀와 마을 사람들은
묻고 대답하며
함께 울고 웃으며 위로한다.
무녀는 그 순간 마치,
모든 이들의 염원의 교집합 같다.

굿이 끝나고 발길을 돌리는 사람들은 봉지 꾸러미 하나를 소중히 보듬고 간다. 종일 올려졌던 제물은 함께 나누어 먹고 남은 음식은 또 나누어 간다. 내 손에도 까만 콩이 송송 박힌 하얀 떡 뭉치가 들려져 있다. '복떡'이라 하였고 '남기지 않고 모두 먹어야 한다'는 누군가의 말이 떡 위의 까만 콩처럼 가슴에 콕 박혔다. 문을 나서는 마을 사람들의 표정이 사뭇 넉넉하다. 잠시 걸음을 멈추어 행당동 아기씨당을 바라봤다. 이곳은 어떻게 이렇게 마을의 한가운데 자리잡게 되었으며 무엇이 이토록 사람들의 가슴을 뛰게 하는 것인지. 중년이 되어서야 내 고향 왕십리에 묻혀있는 행당동 아기씨당을 나는 조금 더 자세히 들여다보고 싶어졌다.

이승과 저승의 경계선에서

행당동 아기씨당은 마을을 지키는 수호신을 모셔 놓은 신당(神堂)이다. 사람과 사람이 모여 살며, 힘이 있는 신으로부터 보호받기를 간절히 소망하며 만들어졌다고 한다. 16~17세기[1] 사람들이 신당을 만들면서까지 마음의 평안을 찾기를 갈망했던 연유는 무엇이었는지, '수호신'이란 단어가 마음에 맴돈다. 문득 지금은 아련한 할머니의 잔소리가 귓가에 들려오는 듯하다.

어릴 적 할머니가 시장을 가실 때면 나는 빈 장바구니를 받아들고 앞장서서 뛰어갔다. 동네 사람들은 할머니가 시장 입구에 들어서면 모두 인사를 했다. 내가 가장 좋아했던 곳은 떡방앗간이다. 할머니가 흥정을 하시는 동안 방앗간 주인아주머니가 덤으로 떡을 한 움큼 쥐어주면 나는 곧바로 친구들에게 달려갔다. 떡을 손에 들고 있을 때면 나는 그날 아이들의 대장이었다.

"윗동네(현재의 금호동)는 죽은 아기들만 묻혀있는 곳이야. 거기 가서 놀면 안돼! 저쪽, 사거리 너머, 거기도 웅덩이에 사람 모아 묻던 자리였어. 피해서 돌아다녀."

걷기보다 뛰어 놀기를 좋아했던 어린 내게 할머니는 어제 했던 말을 또 하셨다. 사실, 할머니의 잔소리에 얽힌 내 고향에 관한 이야기들이 왕십리에서 태어나 지금껏 살아오면서 그다지 나의 관심거리가 되지는 않았다. 그러나 문화유산학을 배우고 '사람이 살아가는 그 자체가 문화'라는 것이 마음 깊이 다가오면서 나는 비로소 두려움으로 묶인 할머니의 잔소리에 대한 원형이 궁금해 진다. 생각의 끝이 어릴 적 들어왔던 '광희문(서울시 중구)'에 멈춘다.

광희문(光熙門)은 '시구문'이라 했고 조선시대 이곳을 통해 성안의 시체들이 나왔으며 그 시체들은 왕십리에 속한 금호동, 신당동에 묻혔다.[2] 오래 전 왕십리에 일부가 속했던 신당동에는 화장터와 각종 질병을 관리하는 '활인서'도 있었다.[3] 죽음이 들어오고, 시체가 나가는 문에 생활 터전이 있던 마을. 공동묘지와 화장터, 그리고 활인서를 곁에 두고 이승과 저승의 경계선에 있어야 했던 마을. 여기까지 들여다보니 그 옛날 마을 사람들의 불안과 공포감이 어떠했을지 가늠이 된다. 과학과 의술이 발달하지 않았던 시절, 사람들은 죽음과 질병의 공포 속에서 '죽음의 부정'이 가져올 두려움에서 벗어나야 했고, 죽음으로 이어지는 질병을 떨쳐내기 위해 액을 막아주는 수호신이 절실했을 것이다.

그렇다면, 그 수호신은 왜 행당동 아기씨당의 주신인 아기씨님이었을까? 또 다른 의문에 나는 다시금 행당동 아기씨당에 주목했다. 행당동 아기씨당의 건립에는 구비로 전승되어 온 '당신화'가 있다.

행당동 아기씨당 당신화 구비전설

　　　　다섯 분이 오형제 분이, 이리루 피난을 나오셨다가 산찔레 필 무렵에 찔레꽃을 따서 입에다 물고 돌아가셨다고 했거든.

[오형제 분이 이리로 피난 나오셨어요? 이리요?]

　　　　왕십리 이리로 피난을 나오셔서 숨어서 사시면서 풀뿌리, 나무뿌리를 캐서 잡수시다가 산찔레 필 무렵에 산찔레를 따서 잡수시다가 입에다 물고 돌아가셨다는 그런 말씀을 하시더라고요.

[여기는 왜 나오셨대요?]

　　　　그러니까, 저기 전해오는 말로는 북쪽에서 나라가 망하자, 다 뿔뿔이 헤어지면서 다섯 공주도 계시고, 옹주도 계시고 다섯 분이 상궁 나인들을 거느리시고 이리로 피난을 나오셨대요. 나오시다가 더 가실 수가 없으니까, 여기 수풀이 많고 하니까는 나무가 많고 여기서 숨어서 사시다가 그땐 여기 집도 없고 아무것도 없었데요.

　　　　집이 한두 채씩 생기면서 동네가 마을이 생기면서 옛날에 이장같은 분들 뭐 이런 분들한테 당신님들 한을 풀어달라고 꿈으로다 현몽을 하셔서, 무슨 일인가 하고 있다 보니깐 자꾸 이상해. 동네에 변화가 생기고 또 흉한 일이 있고, 해서 다섯 분을 세 군데다가 나눠 모셨데요. 한분은 여기 왕십리 기차 정류장이구, 한 분은 지금 상왕십리 전철역 큰길 난데 청구상업이라고 있는데 양지동 아씨를 거기다 모시구, 수풀당 아씨 삼형제분이 계시거든 지금 한양교통회관 뒤편 으로 모시고, 산찔레 필 무렵이 사월 보름날 정도 아닐까하고.

　　　　사월 보름날을 기준으로 하셔서 탄신제 겸 기제 겸 지내드리고, 10월 상달에는 날 받아서 굿하구. 당제, 대동제 지내구.

　　　　　　　　< 구비전승 자료 출처 : 고영희. 2006 『서울 지역 당신화 연구』한국 무속학.>

아기씨

당신화에서 말하고 있듯이 행당동 아기씨당의 주신은 '여성'이다. 전쟁이 나고 환란이 닥쳐서 총칼로 막아내야 하는 장군 격의 남성이 아닌, 보살핌과 궁휼과 자애를 상징하는 어머니와 같은 여성을 주신으로 모셨다는 것은 조선시대 유교 중심 사회에서는 도저히 불가능할 것 같은 일이다. 하지만, 당신화에서 알 수 있듯이 그 여성은 평범한 신분이 아닌 공주의 신분을 가진 왕족이라는 점에 주목할 만 하다.

  꿈속의 현몽으로 마을 사람들에게 다가온 신령함에 의지하여 '공주 아기씨님'의 치유와 권능을 믿고 바라며 불안과 공포로부터 보호받기 원했을 것이고, 어린 아이가 엄마의 품이라야 편안하게 성장할 수 있듯이 그때의 마을 사람들은 안전과 위로를 갈망했던 것이다. 문득 행당동 아기씨당의 굿거리(순서) 중 '아씨님 거양거리'에 유난히 몰려들던 마을 사람들의 애절한 눈빛이 생각난다. 그 모습은 마치 오랜 시간이 지나도 마음 안에 품은 끈끈한 믿음이 무의식으로 전승되어 남아있는 것처럼 생생하게 전해온다. 두 손 모으고 빌던 소망 위에 눈물을 훔쳐내던 사람들과 가슴을 쓸어내리고 무릎을 치며 소박하게 웃던 사람들의 마음 안에 그들은 무엇을 담아 갔을까. 아주 오래 전 마을 사람들처럼 그 자리, 그곳에 있었던 자들만이 알 일이다.

두려움을 의지할 수 있는 곳, 마음을 내려 놓을 수 있는 곳, 행당동 아기씨당은 이승과 저승의 경계선에서 삶과 죽음을 직접 눈으로 보고 살아가는 마을 사람들의 안식처로 자리 잡은 곳이었다.

바라팔기 : 산주기   4대 후계 오소연 무녀가 공수주는 모습

행당동 아기씨당 대동굿차림

왕십리의 회룡포

"엄마, 왕십리에서 태어난 사람은 왕십리를 떠나면 반드시 다시 왕십리로 돌아와서 살게 된다는데 그게 정말이에요?"

내가 듣고 자랐던 그 이야기를 내 아들이 어디선가 들었나 보다.

"응. 진짜인 거 같아. 아니, 맞아"

문명이 신을 능가한다는 현시대에 이 무슨 허무맹랑한 소리인가.

하지만 왕십리에서 태어나 오래 살아온 사람들은 행당동 아기씨당의 영험담을 서로 말하며 그들만의 신앙을 지키고자 한다.

> 병자호란, 임진왜란, 6·25 전쟁 등 난리가 났을 때 아기씨가 미리 마을 사람들의 꿈에 나타나 전쟁이 날 것을 알려주어 피할 수 있도록 했다 / 마을에서 잘 살다가 이사를 가면 망해서 다시 마을로 들어온다 / 이 마을 토박이들은 이사를 가더라도 다시 당에 와서 아기씨에 대한 신앙을 지킨다

이와 같은 구술은 전해져 오는 것들의 일부지만, 아기씨가 동네 사람들을 너무 사랑했기 때문이라는 의견[4]과 믿음이 있다.

사실 이러한 말들을 귀납적 정의의 잣대로 증명하라고 하면 할 말은 없다. 언제부터인지 전해졌고 익숙하게 믿게 되었던 그 이야기는 내게도 막연한 신앙이었으며, 내 아들이 듣고 묻는 왕십리에서 태어나 살아온 자들의 특권이다. 아들은 반짝이는 눈동자를 내게 멈추고 자리를 뜨지 않는다. 무엇이든 현실성이 있는 이야기와의 접점을 듣고 싶은 거다.

가깝게 생각해 보니 내 어릴 적에 우리 식구는 잠시 왕십리를 떠나 살았던 적이 있었다. 초등학교 1, 2학년 무렵에 잠시 살았던 곳은 '거여동'이란 동네였다.

지금의 기억으로는 이틀에 한 번 수돗물이 나오는 곳이었으며, 일주일에 한 번 새벽에 종소리가 들리면 쓰레기를 직접 차 있는 곳으로 들고 나가 버려야 했다. 일 년쯤 살았을까? 내가 연탄가스에 중독되어 쓰러졌던 일이 정점이 되어 우리 가족은 좀 더 도시의 안쪽으로 이사를 했다. 그곳은 중곡동이었고 집은 거여동보다 훨씬 작았다. 중곡동에서의 기억은 거의 없다. 그만큼 짧게 살았기 때문이다. 결국 우리 가족이 이사에 이사를 거듭하여 정착한 곳이 다시 왕십리였으며, 전셋집을 전전하던 우리는 고향인 왕십리에 와서야 우리 집을 가지게 되었다.

나와 가까운 지인인 K의 경우는 왕십리에서 태어나 가정을 이루고 살다가 사업을 하기 위해 남양주로 이사를 갔지만 사정이 여의치 않게 되면서 다시 왕십리로 이사를 온 후 지금은 제법 성공한 가게를 운영하며 토박이로 살아가고 있다. 이쯤 말하고 보니 어쩐지 구전으로 내려오는 설화[5]가 제법 현실감 있게도 느껴진다.

과거 뒤 미래 앞에 서다

행당동 아기씨당이 있는 성동구는 지금 재개발이 한창이다. 빽빽하게 몰려 있던 달동네가 아파트가 되고 도로가 확장되고 높고 큰 건물들이 앞다투어 들어선다. 사람이 살아가기에 훨씬 편리하고 안전한 마을이 되기 위한 과정이다.

행당동 아기씨당도 그 중심에 있어서 얼마 전 철거가 되었지만, 관할 구의 도

행당동 아기씨당이 철거된 자리에는 아파트가 들어설 예정이다(2021)

움으로 다시 예전의 모습으로 재현한다고 한다. 그러나 지금은 건물이 허물어지고 형체가 사라진 채 흙산만이 남아있어 왠지 허망해 보인다. 언젠가 한 번쯤 본 듯한 모습이다. 기억의 모퉁이에서 마음의 아릿함과 함께 떠오르는 왕십리의 천년고찰 '안정사'의 모습이 어린다.

2009년, 내 고향 왕십리의 천년고찰 안정사가 사라졌다. 도시재개발로 절이 철거되고 그 자리에 아파트가 건설된 거다. 절이 철거되는 과정에서 '마애불좌상'이 발견되었고 역사적, 문화적가치를 인정받았으나 도시개발의 흐름에 밀려 '무학대사'의 전설과 '김상옥 의사'의 이야기를 허공에 남겨둔 채 아쉽게 사라져 버렸다.

아파트 사이 절벽에 마애불좌상과 약사불은 남겨져 있다고 하니 지인과 함께 안정사의 옛터를 찾아 나섰다. 변해버린 길을 한참 동안 헤매다 지나가는 아파트 주민에게 물어서야 우린 마침내 하얀 부처님(약사불 - 어릴 적 나만의 호칭)을 만날 수 있었다.

저만치 보이는 하얀 부처님 앞에 서서 두 손 모아 기도를 하셨던 할머니와 엄마의 뒷모습이 아련히 스쳐간다. 현시대는 문화의 가치가 존중되는 시대라고 배운 것 같은데, 천년고찰이 사라진 이곳에서는 과연 그 진실성을 가늠할 수가 없다며 투덜거렸다. 엄마만큼 어른이 된 나는 두 손 모아 엄마의 기도하는 모습을 따라하려 했지만 발 디딜 곳이 없어 마음이 비틀어진 거다. 등 뒤에서는 끝없이 높은 아파트가 나를 내려다본다.

타문화는 끝없이 우리에게 다가올 텐데 이렇게 떠밀려 우리의 문화유산이 외면 당하게 된다면 우리 민족의 고유성마저 상실되는 위험에 처하는 것은 아닐까. 없어진 절터를 보며 안타까움만이 앞서 주체할 수 없는 상념만 쌓여간다.

약사불(나의 하얀 부처님)

마애불좌상

아파트 내 안내판

내 고향 왕십리에 남겨져 있는 나는 이미 과거가 되어버린 천년고찰 안정사의 뒷자락에서 그 아픔이 반복되지 않기를 바라는 간절함으로 행당동 아기씨당의 미래를 조심히 지켜본다. 그리곤 행당동 아기씨당의 복원을 위해 준비된 새 터를 바라보며 다듬어져가는 흙덩어리들 사이를 딛고 서서 그날을 기다린다.

커다란 도심의 한복판 거리의 중앙에서
꽹과리와 북을 치며 흥겨운 피리소리의 어울림에 맞춰
풍물의 기교가 펼쳐지고 있다.
행당동 아기씨당의 깃발을 앞세운 풍물패의 행렬에
삼삼오오 줄지어 마을굿마당으로 모여가는 사람들의 발끝을 보며
나의 발걸음도 저절로 그 곳을 따라간다

사람들이 울고 웃는 소리가 어우러지는 축제의 날에 행당동 아기씨님의 거양식을 기다리며….

1) 행당동 아기씨당은 역사적 유래 또는 내용이 기록되어 있지 않아 그 연역의 실체를 알아내기 어렵지만, 지역 유지인들이 만든 '봉건기'가 사진으로 남아 있어 당 건립시기를 1747년(영조23년) 이전으로 추정하고 있다. 최초의 당주무녀(고송자)의 구술전승을 덧대어 볼 때, 16세기말 이전에 지어진 것으로도 가설되고 있다(출처 : 한국민족문화대백과사전. 행당동 아기씨당).

2) 조선왕조실록. 영조29년 6월 정해. 지평 이상윤의 상서기록.

3) 권선경. 2009. 「서울 지역 아기씨당의 성격과 기능」 한국민속학49. 123-155쪽.

4) 변지선. 2020. 「신화와 의례에 나타난 전염병의 치병」 문화와융합 42.

5) 왕십리에서 태어나 자란 사람은 왕십리를 떠나면 돌고 돌아 반드시 왕십리로 다시 돌아온다는 말이 여전히 마을사람들 사이에서 전해지고 있는 것은, 행당동의 마을 수호신인 아기씨가 21세기 현재에도 여전히 영향력을 행사하는 신격이라고 유추할 수 있음이다. 변지선. 2020. 「신화와 의례에 나타난 전염병의 치병」 문화와융합42.

오지연 blog.naver.com/neper

7대째 왕십리 토박이로 살다보니 어느새 살아온 만큼 세월의 책임을 져야 할 중년이 되었다. 평생 일해온 전문 강사 생활을 접어두고 이제 막 '문화유산학'이라는 배움의 길로 들어선 새내기다. 성취욕에 불타 정점에 이르러야 하는 간절함보다는 소중한 것들을 배우고 정직하게 기록할 수 있도록, 그를 통해 살면서 받아 온 세상의 은혜에 보답할 길을 찾고자 하는 소원으로 생애 마지막 공부를 하고 있다.

지리학자가 들려주는 공산성 이야기

그는 적어도 지난 30여 년 간 늘 비단처럼 아름다운 강, 금강 너머에 있었다.

20살 청춘이 삶의 좌표를 상실하고 그 무게를 이기지 못하여 저미는 가슴을 품고, 역설적으로 눈부시게 빛났던 금강 주위를 배회했을 때도, 그토록 간절했던 교사의 꿈이 깨지고 세상에 대해 원망이 가득 찬 눈빛으로 금강을 바라봤을 때도, 지리학자가 되어 학술적으로 금강과 공산성을 조사했을 때도, 내 삶을 이해하려고 애쓰는 친절한 정아씨와 금강변 데이트를 즐길 때도, 그리고 소중한 가족들과 환상적인 백제문화제 야경을 구경할 때도, 그는 항상 그곳에 있었다.

공산성은 나의 30여 년 만의 귀환에도 어제 만난 친구처럼 나를 따뜻하게 맞아주었다. 나는 지금 공산성의 꽃이 되었다.

공주대 산업과학대학 국화전시회(2021)

그립고 아쉬움에 가슴 조이던
머언 먼 젊음의 뒤안길에서
인제는 돌아와 거울 앞에 선
내 누님같이 생긴 꽃이여

- 서정주의 '국화 옆에서' -

내가 그의 이름을 불러 주었을 때
그는 나에게로 와서 꽃이 되었다

- 김춘수의 '꽃' -

1989년, 대학생활을 처음으로 시작한 나에게 그는 관심의 대상이 아니었다. 풋풋해야 할 새내기 시절이었지만, 입학과 함께 바로 알아차린 절망스러운 대학 환경 때문에 나침반이 망가진 채로 방황했다. 교사의 꿈을 포기하지 않고 마지막까지 그 해결책을 찾으려고 분주했던 대학생활로 인하여 그에게 먼저 다가가 말을 걸 정신적 여유는 없었다.

그 후, 서울에서의 대학원 1년 동안의 재수 시절, 3년 동안의 일본에서 유학 시절, 1년 동안의 대전에서 박사 후 인턴 시절, 2개월 동안의 필리핀에서 어학 공부 시절, 1년 동안의 미국에서 방문교수 시절 등의 타국 생활을 마치고 다시 공주로 돌아왔을 때, 그리고 내가 모교에서 2002년부터 영광스러운 교수 생활을 하고 있는 지금까지도 그는 어제 만났던 친구처럼 예전과 똑같이 나를 살갑게 대해주고 있다.

그렇게 그는 20살 때부터 나의 30여 년 간의 삶을 관통하는 희로애락의 속에서 늘 같은 곳에서 나를 있는 그대로 봐 주는 오래된 지음(知音) 같은 존재다. 그는 바로 공주의 금강변 작은 산인 공산 위에서 약 1,500년간 묵묵히 그 자리를 지키고 있는 공산성이다. 이제 그와 나는 언제부터인가 서로 바라보는 사이가 되었다.

공산성과의 운명적 재회 이야기

2012년 한국연구재단으로부터 받은 과제인 '공주시 옛 유적의 입지'에 관한 연구를 수행하면서 공산성을 제대로 보기 시작했다. 그 뒤를 이어 2014년 공주

공산성 성안마을 발굴현장

성안마을 7차 발굴현장의 전경

이곳은 공산성의 북쪽 골짜기에 위치하며, 백제시대 옻칠 갑옷 등이 발견되어 학계로부터 큰 관심을 받았던 장소이다.

성안마을 7차 발굴현장의 퇴적층

발굴 당시의 지표면은 매우 평탄했지만, 평탄지 아래에는 지난 빙하기에 형성된 V자 계곡이 매몰되어 있으며, 그 후 자연적 및 인위적 요인에 의해 계속하여 퇴적되어 오늘과 같이 평탄지 경관으로 바뀌었다.

성안마을 7차 발굴현장의 시료 채취

시료를 채취하는 목적은 웅진백제시대를 포함한 과거의 자연환경 및 인간활동 복원이다.

대학교 박물관의 의뢰로 공산성의 공북루 남쪽에 있는 '백제왕궁 부속시설 발굴현장(옛 성안마을 터)'을 방문하게 되었다.

그곳에서 과거 식생 및 퇴적 환경을 복원하기 위해 옻칠 갑옷이 출토된 저수시설의 퇴적층에서 꽃가루 분석시료를 채취했다. 그 과정에서 공산성의 북쪽으로 개방된 넓고 평탄한 골짜기의 속살에 해당되는 퇴적층을 처음으로 직접 확인하였다. 그 순간, 비로소 지리학자인 나의 눈에 공산성이 처음으로 들어오게 되었다. 나와 공산성과의 운명적 재회였다. 빈약한 지리적 상상력을 훨씬 뛰어넘어, 거기에는 다양한 유물과 지층이 보존되어 있었다.

나에게 있어 공산성은 단순한 문화유산이 아니라 지리적 상상력을 발휘케 하는 고고지리학의 연구대상이다. 마치 스펀지가 물을 빨아들이는 것처럼, 나는 그에게 학구적 에너지를 맘껏 쏟아부었다. 그 결과, 공산성의 입지 특성 일부가 밝혀졌다. 그 후에도 공주대학교 박물관으로부터 의뢰받아 '공산성 내 유구의 입지특성' 그리고 '공산성 고지형 환경 연구'라는 주제로 계속하여 연구를 수행하였다.

최근 나는 폐쇄적인 공산성 내에서 당시 사람들은 어떻게 생활했을까? 그리고 시시각각 변하는 자연환경 속에서 그들은 어떻게 대응했을까? 또한 공산성에 발견된 유구를 통해 자연환경에 대한 그들의 지리적 인식을 밝힐 수 있을까? 등에 관심이 많다. 특히 지리학의 렌즈로 공산성 내 건물지의 입지 특성, 권력과 지형과의 상호관계, 용수(用水)의 공급방법 등에 대하여 지리적 상상력을 발휘하고 있는 중이다.

공산성을 떠받치고 있는 아기산, 공산 이야기

지형학적 관점에서 보면 포곡형 산성인 공산성은 공산 위에 세워졌다. 공산은 공주분지를 동에서 서로 가로지르고 있는 금강 남쪽에 위치한 작고 독립된 구릉에 불과하다. 그러나 군사적 방어 측면에서 보면, 공산성은 북쪽으로 1차 방어선인 해자 역할을 할 수 있는 금강과 접하고 있을 뿐만 아니라 공산 자체의 지형 특성, 예를 들어 방어에 유리한 급경사면과 거주에 유리한 평탄지, 용수를 공급받을 수 있는 계곡이 공존해 최적의 방어 능력 환경을 갖추고 있다고 할 수 있다.

공산은 공주 지역에서 가장 오래된 암석인 '선캠브리아기의 경기편마암복합체호상편마암'으로 구성되어 있다. 이것은 기존 암석이 열과 압력으로 재탄생한 변성암의 한 종류이므로 다른 암석에 비해 상대적으로 풍화와 침식에 강하다. 따라서 공산이 비록 오랜 지질시대에 형성되었지만, 우리의 시야에서 완전히 사라지지 않고 오늘날까지도 규모는 작지만 그 경관을 유지할 수 있었다. 이로써 약 1,500년 전부터 현재까지 열심히 떠받치고 있는 공산 덕분에 우리는 경이로운 구조물인 공산성을 볼 수 있는 행운을 가지게 된 것이다.

평화로운 호수 위에서 우아한 자태를 뽐내는 백조가 그 모습을 계속 유지하기 위해서 끊임없이 물갈퀴를 움직여야 하는 것처럼, 나 또한 공산성처럼 묵묵히 자기 위치에서 최선을 다하며 매일매일 생활하고 싶다. 하루하루가 치열한 사바나와 같은 초원에서 생활하고 있지만.

이처럼 공산성이 공산 위에 지어진 가장 큰 이유는 지형학적 관점에서만 살펴보면, 대하천인 금강, 평탄지와 급경사를 함께 보유한 독립구릉, 용수확보가 용이한 계곡, 침식과 풍화에 강한 변성암 등의 절묘한 앙상블이라고 생각한다.

　그런데, 공산(해발고도 약 110m)은 우리나라의 대표적인 명산인 백두산(약 2,750m)과 한라산(약 1,950m), 충남의 가장 높은 산인 서대산(약 904m) 및 공주의 가장 높은 산인 계룡산(약 847m)과 비교하면 해발고도가 매우 낮은 꼬마산(童山)에 불과하다. 또한 공산은 충남의 평균 해발고도(약 100m)와 공주시의 평균 해발고도(약 205m)와 비교해도 극히 평범하다. 그러나 공산성은 고대 왕국의 왕성 기능을 수행했을 뿐만 아니라 산성 내에 시대를 달리하는 다양한 유구들을 품고 있다.

　이에 공산성은 최근 유네스코에 등재되어 공주시의 문화유산들 중에서 '무령왕릉과 왕릉원'과 함께 가장 많은 관광객이 찾아오는 곳이 되었다. 백제시대부터 조선시대에 걸쳐 무궁무진한 스토리텔링을 가진 공주시의 대표적인 자랑거리이다.

공주대 문화유산대학원생들과 함께

공북루를 배경으로 우리가 서 있는 지점 아래에서 다양한 백제시대 유구가 확인되었다. 특히 백제시대 최고급 옻칠갑옷이 묻혀있던 곳이기도 하다. 지금은 아무 일이 없었던 것처럼 평온해 보이지만 당시의 시대상황은 그렇지 않았던 것 같다.

나를 설레게 하는 공산성 이야기

공산성이 지리학자인 나에게 오늘도 슬그머니 다가온다. 나는 공산성에게 조용히 말을 건다. 공산성이 '지리'라는 물감으로 채색될 때, 나는 어린아이처럼 기뻐한다. 공산성은 내 삶에 있어 호기심의 대상이며 나를 항상 설레게 한다.

2018년 1월, 미국 신시내티 대학에서 1년간의 연구년을 마치고, 다시 모교로 돌아왔다. 그 후부터 내 일상에서 다소 변화가 찾아왔다. 시시각각으로 다가오는 선택의 순간에 가장 소중한 기준을 다시 세웠다. 나를 필요로 하는 곳이 있으면, 일의 경중과 지위고하를 떠나서 적극적으로 참여하며, 그리고 외부 연구과제에 연연하지 않고 하고 싶은 일을 하는 것이다. 그것이 나에게 '참다운 행복한 삶'이라고 자기 최면을 계속해서 걸었다. 예상치 않은 나의 선택 결과에 주위 분들이 당혹감을 간혹 느낄 때도 있지만, 가능하면 그들의 시선에 크게 신경을 쓰지 않고 스스로의 행복을 찾아가고자 노력하는 중이다.

내가 행복해야 가족도 행복하고, 가르치는 학생들에게도 행복 바이러스가 전파될 것이라고 믿고 있다. 그것을 '자강행복(自强幸福)'이라고 이름 붙였다. 외부 연구과제는 가능하면 줄이고, 내가 원하는 연구를 하고, 내가 속한 모교와 지역에 도움이 되는 방향으로 일하고 싶었다. 그 과정에서 문화유산대학원과 공주학연구원에서 수업과 업무를 병행할 수 있는 소중한 기회도 가지게 되었다.

이런 계기로 현재 '지리학자가 들려주는 공산성 이야기'를 주제로 글을 쓰고 있는 중이다. 마치 30여 년 만에 돌고 돌아 공산성으로 다시 온 느낌이다. 지금까지 선사 및 고대의 자연환경 복원, 그리고 복원된 자연환경과 옛 사람들과의

약 1,500년 전 백제왕성
공주 공산성

세계문화유산

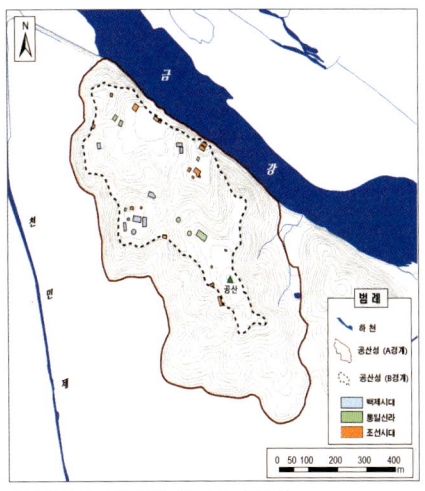

공산성 지형(정혜경·박지훈, 2020)

공산성은 백제시대 웅진성으로 불렸으며, 축성 당시에는 토성이었지만 조선 중기에 석성으로 개축되었다.

만약 백제가 웅진으로 천도 이후에 공산성을 축성하였다고 가정하면 공주는 문주왕 1년(475년)부터 성왕 16년(538년)까지 5대에 걸쳐 64년 동안의 웅진 백제시대 정치·경제·문화의 중심지였을 것으로 추측된다. 공산성은 당시 백제의 도읍이었던 공주의 왕궁 및 왕도 방어를 위해 축조되었을 가능성이 크다.

(출처: www.grandculture.net)

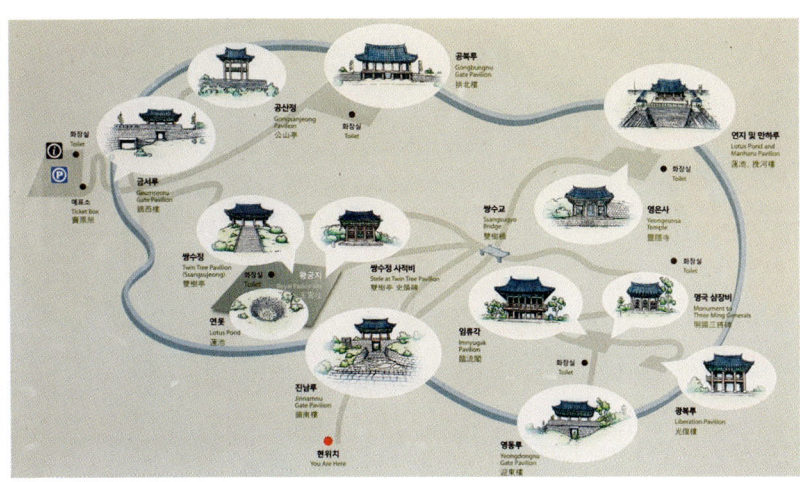

공산성 안내도

상호관계에 주목하여 연구를 수행했었지만, 지금은 문화유산의 지리 스토리텔링에 더 관심이 많다.

이렇듯 공산성의 이야기는 지리학자인 나를 항상 설레게 한다. 그것은 단조로운 삶을 다시 활기차게 만들어 타성에 젖은 나를 다시 설레게 하고, 삶의 활기를 띠게 하는 묘약과 같은 존재이다. 이제 나는 마음에 고민과 갈등이 있을 때 공산성을 걸으며 치유받고 있다. 화려하거나 강렬한 삶을 지양하고, 소확행(소소하지만 확실한 행복)을 추구하고자 하는 나에게 공산성은 든든한 친구이자 소중한 안식처가 될 것이라 믿는다.

지리적 상상력을 이용한 공산성 이야기

금서루에서 진남루로 가는 성곽 위에서

용처럼 구불구불한 성곽길을 따라 공산의 능선부와 계곡부를 지나가거나, 산성 내의 구석구석을 거닐 때면 이곳의 과거 지형 및 인문 경관이 눈 앞에서 펼쳐지는 놀라운 일이 생긴다. 각 경관들은 그들 고유의 변화 과정을 겪어 왔다. 그 순간, 지리적 상상력으로 공산성의 지형산책이 시작된다.

지난 빙하기로부터 지금과 같은

따뜻한 시대로 들어서면서 지형 경관은 급격히 변하게 되었고, 현재도 자연의 돌발행동(범람, 산사태)에 의해 지형 경관은 끊임없이 변화하고 있다. 또한, 고대에 공산은 자연스러운 지형 경관의 변화보다는 권력에 의해 파생된 인위적인 지형의 경관 변화가 훨씬 두드러지게 나타났다.

약 1,500년 전 공주의 작은 하천(제민천) 유역에 둥지를 튼 사람들은 공산이라고 하는 작은 구릉을 대상으로 능선과 계곡 위로 약 2.7km의 성곽을 건축하였다. 이것이 바로 북쪽에서 침입하는 적을 대상으로 천혜의 방어기능을 가지고 있는 공산성이다. 현재 우리는 그 시대를 '웅진백제시대'라고 부르고 있다. 웅진백제시대 사람들은 공산성 내에 2개의 평탄지인 남서쪽 정상부 평탄지와 북쪽의 곡저 평탄지에 특히 주목하였다. 지리적 관점에서 보면, 그들은 뛰어난 지형적 식견을 가지고 산성이라는 제한된 공간을 효율적으로 활용하여 왕궁 및 부속 건물을 배치하였다. 특히 최고 권력자와 그를 보좌하는 사람들의 활동 공간을 확실히 구별하여 각각 공산성 내에 지형환경이 최적인 공간에 관련 건물지들을 조성하였다. 이것은 권력이 지형환경과 매우 밀접한 관련이 있다는 것을 의미한다.

당시 사람들은 먼저 그들의 왕을 위한 최적의 장소를 산성 내에서 찾았고, 그곳이 현재 백제 추청 왕궁지이다. 이 왕궁지는 산성 내의 남서쪽 정상부 평탄지로써, 오랜 지질시대 동안 침식과 삭박에 의해 평탄화된 지형면에 백제 왕궁을 축조하기 위해 기존의 평탄면을 보다 더 평탄화시켰을 것으로 생각된다.

이 평탄지는 산성 내에서 해발고도가 매우 높고, 건물을 짓기에 유리한 경사도를 가졌다. 산성 내에서 규모가 두 번째로 크고, 남향 계열의 경사면이 넓어 일조량이 가장 좋으며, 또한 가시권도 비교적 좋아 성 안팎의 사람들의 동태를 쉽게 파악할 수 있는 장소이다. 그곳은 당시에 적어도 충청도와 호남지역에서 가장 권력이 강했던 곳이라고 할 수 있다. 이에 강한 권력을 바탕으로 대규모 토목공사와 건축이 행해졌다.

쌍수정에서 바라본 백제 추정 왕궁지

1624년 인조가 왕위에 오른 직후, 이괄이 반란을 일으켜 왕은 공주로 피난을 왔다. 인조는 공산성의 두 그루 나무에 기대어 시름을 달래곤 했다. 얼마 후 반란군을 토벌했다는 소식을 듣고, 인조는 그 나무에 정3품의 벼슬을 내리고 금대를 걸어주면서 기쁨을 나눴다고 한다. 훗날 이곳에 지은 정자가 '쌍수정'이다. 출처 : 쌍수정 안내판

이와 같이 산성 내에서 왕궁지가 결정되고 왕의 통치가 시작되면서 웅진백제시대가 본격적으로 펼쳐질 수 있었을 것이다. 그 후 왕궁지는 통일신라시대부터 일제강점기를 거치면서 왕이 거주하던 공간이 아닌 다양한 용도로 사용되었다. 즉, 그곳은 축성 초기에는 왕의 거주 및 통치 공간이었지만 그 후 충청감영, 기마병훈련장, 자전거경기장, 그리고 현재는 공산성 내에서도 가장 유명한 관광코스 중 하나인 '백제 추정 왕궁지'로 그 쓰임새가 바뀌게 되었다.

다음으로 사람들은 왕을 도와 행정을 수행할 수 있는 공간을 찾았을 것이다. 그곳은 공산성 북쪽 곡저의 평탄면(공북루 남쪽의 넓은 골짜기)으로 산성 내에서 해발고도는 가장 낮지만 규모는 가장 크다.

이 평탄지의 형성 과정은 다음과 같다. 지난 빙하기에 생긴 V자형의 골짜기가 배후 사면으로부터 운반되는 사력(모래와 자갈)에 의해 매적되었다. 그 후, 홀로세(Holocen : 약 10,000년 전부터 현재까지의 지질 시대)에 들어서면서부터 기후가 온난해지고 게릴라성 집중호우와 태풍 등으로 인하여 지난 빙하기와 달리 주로 토사(흙과 모래)가 배후 사면으로부터 운반 이동되어 골짜기의 바닥에 쌓이게 되었다. 또한 이 시기에 골짜기 말단부가 인접한 금강 본류 또는 배후 골짜기로부터 이동된 물에 의해 때때로 침수되어 일부 제한된 구역은 저습지 환경이 우세했던 적도 있었을 것이다. 이와 같은 퇴적과정을 거쳐 북쪽 골짜기는 완전히 매적되고 오늘날과 같은 평탄지로 바뀌게 되었다. 그 과정에 이곳에 자연재해가 발생했을 것이다.

그러나 당시 사람들은 계획적으로 배수로를 만들고 지형을 잘 활용하여 복수의 건물지들을 입지시킴으로써 불리한 지형환경을 극복하려고 노력했을 것이다. 이처럼 웅진백제시대에 공산성을 축조한 후, 공산성의 북쪽 곡저의 평탄지에 왕궁 관련 건물지를 건축하였다. 이곳에 대규모 토목공사를 진행하였으며, 당시 최고 수준의 건축 기술을 발휘한 왕궁의 부속건물들을 입지시킨 것이다.

그 후 이곳은 서울로 오고 가는 관리들의 주요 통행로로 이용되었으며, 이어서 군영터로 활용되었다. 그리고 일제강점기에 공주 갑부인 김갑순에게 팔려서 쌀 창고로 이용되었다. 그의 과욕(?)에 의해 이곳 주변의 지형이 인위적으로 바뀌어, 이곳과 서문을 연결하는 '서문고개'가 만들어졌다. 1990년대 초까지 이곳에 성안마을이 존재해 왔다.

이상과 같이 지리적 상상력을 통해 옛 사람들의 지형에 대한 인식과 삶에 대한 지혜를 엿볼 수 있다. 공산성 남서쪽 정상부 평탄지와 북쪽 곡저의 평탄지는 형태상으로 비슷하지만, 마치 우리 인생이 각각 비슷한 듯 다른 것처럼, 그 지형 형성과정과 인문경관은 전혀 다르게 진행되었다. 그래서 지리학자인 나에게 공

공산성 북쪽 곡저의 현재 모습

멀리 공북루와 신관동이 보인다. 곡저 평탄지의 아래에 '백제왕궁 관련시설 유구'가 발견되었다. 이곳은 지난 빙하기에 깊은 계곡이 생긴 이후, 다양한 지형 및 역사적 사건을 함께 품고 있다.

산성과 그 안의 건물지 입지는 알면 알수록 정교하고 놀랍다.

약 1,500년 전의 백제인들이 지형을 인식하는 수준은 지금에 비해 결코 뒤떨어지지 않았다. 최고 권력자는 최적의 지형 환경을 찾아 영민하게 건물을 세웠을 것이다. 즉, 산성이라는 제한된 공간을 백제 사람들이 매우 슬기롭게 잘 이용하여 구조물을 세웠으며, 더 나아가 산성 내에서도 권력의 서열에 따라 활동 또는 거주 공간의 지형환경 선호도 순위가 결정된다는 것은 현재를 살아가는 우리에게 많은 것을 시사한다.

그렇다! 공산성은 다양한 지리와 역사의 이야기들을 품고 있다. 오랜 세월 침식과 풍화로 낮아진 해발고도 약 110m의 공산 위에 축조된 약 2.7km의 성곽길, 만들어진 시기도, 규모도, 환경도 다른 여러 개의 평탄지들 위에 세워졌던 건물지들이 눈앞에 떠오른다. 그리고 그곳에서 생활했을 당시의 사람들의 모습도 떠오른다.

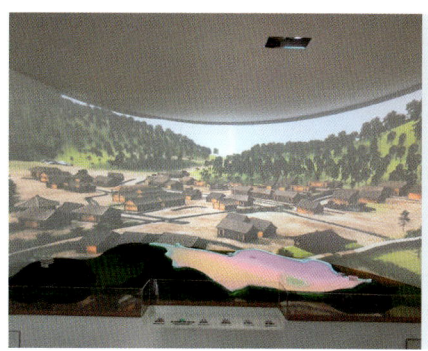

공산성 방문자센터 영상 장면

왼쪽 페이지 사진에 실제 세워졌을 것으로 추정되는 백제왕궁 관련 시설을 영상으로 재연한 장면이다.

현재 보이는 경관도 시간이 지나면 변해간다. 영원한 지형 경관도, 영원한 권력도 없다. 나 또한 변하지 않으면 고립되고, 고립되면 외로워질 것이므로 내 것조차 영원하지 않다. 앞으로 내 앞에 펼쳐질 많은 일들을 순리대로 풀어나가야겠다고 마음을 다잡아본다. 나의 지리적 상상력은 나의 삶의 이정표를 찾아가는, 어쩌면 멈추지 말아야 할 숙명인 것 같다.

[참고 문헌]

- 공주시지 편찬위원회. 2021. 공주시지.
- 박지훈·이애진. 2015. 「충남 공주 제민평야 충적층의 퇴적구조」 한국지형학회지, 22(2), 129-140쪽.
- 박지훈·이애진. 2020. 「지형분석과 GIS분석을 이용한 공주 공산성의 시대별 유구의 입지 특성」 대한지리학회 발표자료집.
- 정혜경·박지훈. 2020. 「공산성 왕궁유적 복원고증 심화연구 - 공산성 고지형 환경 연구」 공주대학교 박물관.
- 최병화. 2018. 「공산성 내 통일신라시대 이후 건물지의 구조와 분포 특징」 백제문화59. 공주대학교 백제문화연구소. 75-110쪽.
- https://mgeo.kigam.re.kr(한국지질자원연구원 지질정보서비스)
- www.grandculture.net(한국향토문화전자대전)
- www.gongju.go.kr(공주시청)

박지훈 pollenpjh@kongju.ac.kr

일본 도호쿠대학(東北大學)에서 이학박사 학위를 받았다. 현재 모교(공주대학교)의 지리교육과 및 문화유산대학원에서 학생들을 가르치며 재외한인문화연구소 소장과 공주학연구원의 조사연구부장을 맡고 있다. 고고지리학을 주제로 자연과 인간과의 상호관계에 대해 특히 관심이 많다. 남의 연구를 그대로 따라하는 것을 매우 싫어해, 요즈음 내가 좋아한다는 핑계로 일부러(?) 돈이 안 되는 것만 골라서 연구 중이다. 그래서인지 교수라는 직업과 전공의 만족도는 100점이다. 최근에는 지리적 렌즈로 문화유산을 해석하는 재미에 푹 빠져있다.

이 시대의 유 아무개
충청도 양반골 아산외암 민속마을을 찾다

충남 아산시에서 공주시 유구로 가는 39번 국도를 달리다 외암삼거리에서 좌회전하면 외암 민속마을이 나온다. 마을 입구에 들어서 매표소를 지나 반석교 다리를 건너면, 마을 전경이 눈앞에 펼쳐진다. 설화산 자락을 배산으로 하여 앞에는 실개천인 외암천이 흐르고 다랭이논, 기와집과 초가집이 어우러진 풍경이다. 우리나라의 명승지나 경치가 아름다운 곳에서 늘 만나는 산과 물의 자연스러운 조합이다.

이는 곧 마을을 입지할 때 항상 산을 끼고 주변에 물도 함께 있어야 한다는 선조들의 배산임수 풍수지리사상 때문이다. 그렇다고 근처에 강이나 호수는 없다. 다만, 설화산의 화기를 누르기 위해서 산에서 끌어들인 인공물이 수로를 통하여 마을 구석구석까지 흐른다. 물은 방화수, 생활용수 혹은 연못, 정원수 등 다양한 용도로 쓰인다. 마을 주변에 조성된 소나무 숲 등은 나쁜 기운으로부터

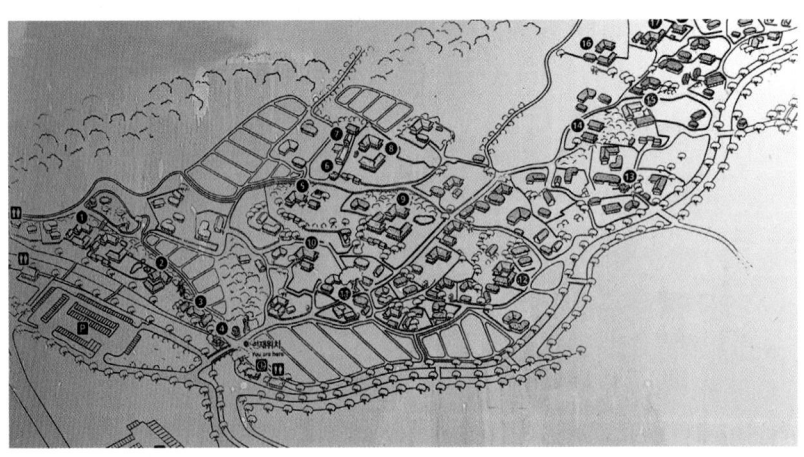

외암민속마을 주변의 플레이스(Place)

마을을 보호하기 위한 비보림(裨補林)이며, 겨울철 불어오는 북서풍을 막아주는 방풍림(防風林)이기도 하다.

민속마을과의 필연적 인연들

최근 나는 이런저런 이유로 민속마을을 자주 찾는다. 특히, 지역의 역사와 문화유산에 대한 관심을 갖게 되면서 민속마을은 특별한 존재로 다가왔다. 민속마을은 나와 어떤 인연이 있기에 이곳을 찾게 되었을까? 이러한 화두를 던지며 마을에 들어서면 맨 먼저 떠오르는 생각은 '충청도가 양반고을이라고 하는데 과연 외암리가 그 중에 하나일까?' 하는 의문이다. 흔히, 한국사람들은 처음 만날 때 맨 먼저 물어 보는 질문이 "고향이 어디냐?"하는 것인데, "충청도"라고 답하면 "양반 동네에서 왔네"라고 말을 건넨다. 이처럼 충청도가 양반고을이라고

외암민속마을 입구의 연꽃이 산들거리고 있다.

부르게 된 이유는 어디에서부터 연유할까? 도대체 양반이 어디에 그렇게 많이 살았길래 충청도 양반이라고 호칭하며, 그때의 양반들은 어느 집단을 지칭하는 말인지 궁금증을 자아낸다.

역사적으로 충청도 지방은 대전을 포함하여 충청남도와 충청북도를 지칭하지만, 한편으로는 호서지방으로도 불려 왔다. 조선시대의 정치적 성향을 4색 당파로 분류하자면 동인과 서인으로 나뉘고, 여기에서 서인은 노론과 소론으로 다시 갈라진다. 충청도 사람들은 주로 집권 세력인 노론에 해당된다. 예학의 대가 사계(沙溪) 김장생, 명재(明齋) 윤증, 기은(耆隱) 박문수, 우암(尤菴) 송시열, 동춘당(同春堂) 송준길, 추사(秋史) 김정희, 그리고 외암(巍巖) 이간, 이간과 치열하게 호락 논쟁을 벌였던 남당(南塘) 한원진, 수암(遂菴) 권상하 등이 호서지역의 주요 인물들이다. 그리고 그 4색 당파 이전에는 고불(古佛) 맹사성이 있었다.

가을걷이를 마친 외암민속마을의 전경이 한가롭게 보인다.

이 정도의 인물들이라면 전국적인 지명도에서 견주어 볼 때 충청권의 대표인물로 손색이 없어 보인다. 그 다음으로 충청도에 양반 마을이 어디에 있을까?

물론 일부지역에는 고택이나 양반들의 집성촌이 산재한 곳이 있기는 하지만 충청도는 영남지역처럼 양반가의 종손들이 수대에 걸쳐 살아 온 고택이나 마을들이 드물다. 물론 논산의 윤증고택을 중심으로 유교문화의 흔적들이 남아 있기는 하지만 양반골의 대표주자는 아닌 듯하다. 그런데 외암마을은 예안이씨들이 집성촌을 이루어 수백년을 살았고 고택이 잘 보존되어 있을 뿐만 아니라 지금도 마을에 실제 사람들이 살고 있다는 점에서 여기가 충청도 양반의 본고장이라는 확신을 갖게 되었다. 그럼 외암 민속마을에 대해서 자세히 들여다보자.

예안이씨 집성촌 외암리와 이간 선생

현재 아산시의 중심지가 온양온천역 주변 지역으로 형성되어 있지만, 그 이전에는 외암마을 주변이 온양의 중심지였던 것으로 짐작된다. 그런 연유는 고려시대, 조선시대에 부근에 역참(오늘날의 버스 정류장이나 기차역 같은 기능을 가진 곳)이 있었고, 마을 지명도 그때의 교통수단인 말과 관련된 '외양골(오양골)'에서 '외암골,' '외암리'로 변천과정을 거친 것에서 확인된다.

500년 전, 16세기 중반 예안이씨 최초로 이 마을에 들어와서 살았다고 전해지는 사람은 이사종이다. 이 분은 아들이 없고 딸만 있는 평택진씨 진한평의 집안에 장가를 들게 되는데, 요즘으로 치면 데릴사위가 되어 마을에 정착한 것으로 보인다. 예안이씨[1] 들은 18세기경 종족마을을 형성하였으나 현재는 전체인

외암선생 문집판각 내 현판(추사 김정희 글씨)

구의 1/3 정도여서 종족마을의 성격은 퇴색하였지만, 그래도 유교예절과 선비문화의 흔적들이 잘 보존되어 있어서 중요 민속문화유산으로써 가치가 매우 높은 지역이다.

마을의 대표인물은 당연히 이간(李柬) 선생이다. 마을의 이름도 외암 이간 선생의 호에서 비롯된다. 이간은 이사종의 5대손으로 조선시대 숙종에서 영조 때까지 활동했던 인물로 우암 송시열의 수제자인 수암 권상하의 문하에서 공부하였다. 학행이 높아 조정에서 여러 차례 벼슬을 내리지만 모두 사양하고 회덕현감을 잠시 역임하였을 뿐, 출세보다는 향촌에 은둔하면서 학문에만 전념하였던 학자였다. 이간은 그 유명한 호락논쟁을 통하여 18세기 선비들의 중심에 있었다. 이후 후손들은 이간의 유풍에 영향을 받아 학문에 정진한 결과, 다수의 과거 합격자를 배출하여 호서지역의 명문가문으로 이름을 날리게 된다.

충효의 마을을 보여주는 편액과 열녀문

참판댁 고택에는 '퇴호거사(退湖居士)'라는 현판이 걸려 있다. 고종의 지시에 의해 왕세자 이영이 9살에 썼다고 한다. 이 현판의 주인공은 이조참판을 지낸 이정렬로 34세 되던 해에 외무대신 이완용을 탄핵하다가 뜻을 이루지 못하자 아산으로 낙향하였고, 항일운동에도 앞장섰다. 또한 마을 저잣거리 입구에는 열녀각이 있다. 이정렬의 아들 이용덕이 15세에 요절하자 며느리 안동권씨가 시어머니를 평생동안 극진히 봉양하여 세워진 열녀비이다.

참판댁에 걸려있는 퇴호거사 편액

안동 권씨 열녀문

또한 참판댁에 살고 있는 이득선 씨는 근래에는 보기 드물게 부모님의 시묘살이를 6년 동안 했으니 유교 이념의 본래 정신인 충과 효를 실천해 온 모범사례라 할 수 있다.

마을에서 가장 나이 많은 어르신, 느티나무

 마을 중앙에 가면 이 마을의 최고 고령자 느티나무가 있다. 외암마을의 존속 기간을 500년으로 치면 이 나무는 그보다 100년을 더 산 600살이다. 마을 출신 사람들과 사물을 통틀어서 가장 나이 많은 어르신이다. 사람이 오래 살다 보면 병치레가 많아 병원을 자주 찾듯이 느티나무도 연식이 오래 되다 보니 썩은

외암마을의 수호신 느티나무

부분이 많이 생겨났고 이 부분을 도려내는 외과수술을 받아서 나무줄기에 혹 같은 것들이 붙어 있다. 그래도 느티나무는 마을의 풍년과 평안을 기원하는 수호신으로 여전히 받들어 모셔지고 있다.

마을주민들에 따르면 과거시험에 나서는 선비들이나 결혼 같은 중요한 일을 앞두고 있는 민가에서는 늘 이 느티나무 앞에서 자식과 가족의 소원이 이뤄지도록 정안수 한 잔 떠 놓고 손발이 닳도록 빌었다고 하니 어머니들의 정성과 자애로움이 이곳에서 느껴진다. 여기가 삼한사회의 신성한 지역으로 알려진 일종의 마을의 소도(蘇塗, 하늘신에게 제사를 지내던 곳으로 죄인이 이곳으로 도망하여도 잡아가지 못했다)가 아닐까 생각된다.

마을 내 고택과 양반 문화의 흔적들

예안이씨 문중의 위상을 보여주는 것은 고택들의 택호(宅號)이다. 참판댁, 영암(군수)댁 등은 관직 이름에서 유래한 택호이며, 그렇지 않은 고택들은 배우자의 출신지를 택호로 하고 있다. 신창댁을 비롯해 연산댁, 전의댁 등이 여기에 해당된다. 여기서는 세 고택만을 소개한다.

참판댁의 건축연대는 19세기 말로 생각되는데 1891년(고종 28) 24세에 과거에 급제하고 규정각의 직학사, 이조참판을 지낸 이정렬의 벼슬에서 유래한다. 이정렬의 조모(이상규의 모친 한산이씨)가 명성황후의 이모였기 때문에 명성황후와 고종임금과는 각별한 사이였다. 그런 연유로 고종임금으로부터 하사받

참판댁의 권위를 상징하는 솟을대문

은 집이라고 한다. 참판댁에서 유명한 것은 충청남도 무형문화재 제11호로 지정된 전통 연엽주이다. 연잎과 비슷한 색깔을 가지고 있어서 연엽주라고 부르는 것일까? 연엽주는 연잎, 쌀, 찹쌀, 누룩 등을 전통적인 비법으로 배합하여 만든 술이다. 연엽주가 왕실에서도 즐겨 찾았던 술이며, 그 비법은 예안이씨 집안 대대로 전승되어 오늘에 이르고 있다. 현재 연엽주의 제조 기능 보유자는 종부 최황규 씨이다. 종부님은 종손 이득선 씨의 부인으로 면암 최익현 선생의 증손녀이다. 연엽주는 톡 쏘는 맛이 없으면서도 술맛이 좋아 애주가들의 사랑을 받고 있는 민속마을의 또 하나의 명품이다.

고택 중에서 대표적인 건축물은 건재 고택이다. 처음에 영암군수 이상익의 벼슬을 근거로 '영암군수댁'이라 부르다가 나중에는 이상익의 아들 이욱렬의 호인 '건재'를 택호로 고쳐 부르게 되었다. 외암 이간이 태어난 장소이기도 하며, 고택의 주인은 우여곡절을 겪은 끝에 현재는 경매를 통하여 아산시가 소유자가 되었고 실제 사람이 거주하고 있지는 않다. 하루 3번 개방하고 있으며 정원에는 돌담, 연못, 나무 등이 조밀하게 이어져 풍광이 수려하고 운치가 뛰어나다.

외암마을의 대표적 건축물인 건재고택 　　건재고택 정원 안 연리지와 필자의 모습

조선시대 말기의 화가 장승업의 일대기를 그린 임권택 감독의 '취화선'의 촬영지로 유명세를 타기도 하였다. 정원수 가운데에는 뿌리가 다른 두 나무가 서로를 의지해서 맞닿은 연리지(連理枝)가 있어서 천생연분의 비익조(比翼鳥)[2]를 연상케 한다.

고택은 양반집의 전형적인 구조인 사랑채와 밖에서 안을 들여다 볼 수 없게 만든 일종의 폐쇄공간인 안채가 별도로 존재하고 있다. 그 안채 내부에는 특이하게도 빨래터가 있는데 외부와의 접근이 차단되어 있어 여인들의 정보교류는 어떻게 이루어졌을지 궁금해진다.

건재고택 안채에 있는 빨래터

신창댁 초가집과 옛 모습 그대로인 전통 화장실

　병사댁은 19세기초 평안도에서 발생한 홍경래의 난을 진압한 이용현의 관직에서 유래한다. 그 후 이 병사댁 후손의 처가가 신창이기 때문에 '신창댁'으로 바꾸어 부르고 있다. 고택이라고는 하나 평범한 시골집처럼 소박한 모습이다. 주말 오후 1시가 넘어 신창댁을 찾았다. 인기척을 내니 연세가 들어 보이는 주인이 반갑게 맞는다. 툇마루에서 먹는 청국장이랑 김치전이 별미다. 식사를 마치고 집 주변을 한바퀴 돈다.

　내가 어렸을 때 쓰던 옛날식 화장실을 보기 위해서이다. 내부는 수세식으로 변기를 설치했지만 외부의 모습은 옛날 그대로이다. 부모님께 회초리를 맞고 화장실에 숨었던 어렸을 적의 기억이 떠올라 한동안 동심에 잠기기도 했다.

지금도 살아있는 민속박물관

　민속마을은 현재도 사람들이 실제 살고 있어서 '살아 있는 민속박물관'으로 불린다. 그래서 마을에 들어오면 생동감이 넘친다. 주민들은 전통을 살리고 마을을 보존하려는 노력들이 적극적이어서 여기를 떠난 청년들도 주말이면 귀향해 체험장의 봉사자로 참여한다. 그러한 정성은 마을을 찾는 방문객들의 숫자를 점점 늘어나게 만든다.

 일반 가정에서 사라진 생활풍습들, 예컨대 콩을 삶아 찧어 메주를 만들고 처마에 걸어 놓거나, 본격적인 겨울철을 맞기 이전에 초가지붕에 이엉을 엮어 올리는 생활양식 등을 볼 수 있기 때문이다. 또한 주말에는 국악공연이 고풍스럽게 펼쳐지고, 마을청년이 주축이 되어 만드는 인절미 메치기 체험행사가 있어 볼거리가 풍성하다.

콩을 삶아 만든 메주가 처마에 걸려있다.

인절미를 만들고 있는 마을 청년들

 마을주민들의 단합된 힘은 공동의례행사인 장승제, 느티나무제, 이간선생의 묘제에서 잘 드러나고 있다. 제례는 온 마을사람들의 참여와 관심 속에 마을 입구 용담교 주변에서 시작하여 마을 중앙의 느티나무제로 정성이 이어진다. 제문 속에 들어 있는 글을 풀어 쓰면 다음과 같다.

나라가 태평하고 백성이 편안하며,
풍년이 들어 인정이 넘치는 세상,
집집마다 배를 두드리는 풍족함을
신께 빕니다.

-장승제 제문 中-

  제문에는 마을주민들이 바라는 소망들이 다 들어 있다. 공자가 이상사회로 생각했던 중국 요순시대의 태평성대를 기원하는 일종의 발원문이라고나 할까? 특히, 마을 문중에서는 이 마을에 처음 들어와서 살기 시작한 예안이씨 입향조 이사종의 장인인 진한평을 위한 제사를 지금까지도 모시고 있으니 500년을 이어 온 숭조정신과 끈기가 참으로 놀랍다.

  민속마을을 전부 돌아보고 마지막으로 찾는 곳은 민속마을에서 300m 윗쪽에 위치한 저잣거리다. 저잣거리는 나와 가족들이 시간이 날 때마다 자주 찾는 공간이다. 한복 대여점에서 한복을 빌려 입고 민속마을 전체를 한바퀴 돌며 발품을 팔고 나서 저잣거리에 들어서면 시장기가 돈다. 이때 저잣거리에서 먹는 음식 맛이 일품이다. 식사를 마치고 근처 찻집에서 전통차를 곁들이면서 그동안 집에서 하지 못했던 진솔한 대화를 나누면 금상첨화다. 그리고 매주 주말에 이곳 공터에서 열리는 민속공연이나 풍물패들의 소리굿을 들을 수 있어서 좋다. 이곳 저잣거리는 이렇게 가족들과 식사하며 힐링할 수 있는 정감 있는 휴식공간으로 안성맞춤이다.

주말에 개최되는 전통국악 공연

민속마을의 보존과 미래

 흔히 우리가 살고 있는 21세기는 문화의 시대라고 한다. 문화가 개인의 삶을 풍요롭게 만드는 인자인 동시에 국가와 사회의 품격을 높여 주는 원동력이기 때문이다. 전통 문화를 보존하기 위한 노력의 과정에서 치열하게 부딪치는 부분이 개발과 보존의 갈등이다. 그러나 현실적으로는 개발과 경제논리로 무장한 주장들 앞에서 보존의 논리로 설득하기에는 늘 명분에서 밀리기만 한다. 그래서 눈에 보이지 않는 수많은 문화유산들이 사라지기도 하였다.

 민속마을도 우여곡절을 거치면서 오늘에 이르고 있다. 민속마을에는 예안이씨들이 남긴 삶의 궤적들, 그리고 지역적 전통을 잘 반영하고 있어 역사적 학술적으로 매우 중요한 충청도 양반문화의 중심지로 생각된다. 우리는 지역의 후손으로서 조상들이 피땀 흘려 이룩한 마을의 전통을 유지하고 후손에게 물려줄 책무가 있다. 하지만 전통의 보존과 유지가 쉽지는 않다. 민속마을이라는 굴레가 가져 온 복잡한 규제들을 극복하면서 현재를 살면서도 과거를 돌아보고 미래를 지향하는 삶을 꾸려 나가야 한다. 그런 고단한 일상 속에서도 전통을 지키고 현대적 감각을 지닌 선비를 만나고 싶다.

1) 예안이씨는 전의이씨에서 갈라져 나온 성씨로서 전의이씨 시조는 고려 개국공신인 태사 이치(齒)가 고려 태조 왕건(王建)이 후백제와 전쟁중 왕건의 금강도하 작전을 지원하게 된 공로로 개국공신이 되었다. 이도의 10세손 익(翊)이 예안부원군에 봉해 지면서 본관을 예안(禮安)으로 분적하여 예안이씨로 하였다.

2) 비익조는 암수가 눈과 날개가 각각 하나씩 있어서 둘이 합심하지 않으면 날지 못한다는 전설을 가진 조류를 의미한다.

[참고 문헌]

- 장세우. 2007. 『아산 외암마을』 충남대학교 마을 연구단. 대원사.
- 이덕일. 2018. 『조선선비 당쟁사』 인문서원.
- 한국향토문화전자대전. 예안이씨(禮安李氏) 편.
- 충남도정신문 2021. 8.15-8.24
- 조한필 기자. 2009.9.22. 명문 家를 찾아서 - 아산시 송악면 외암리 이간 家. 중앙일보.

유규상 Ksyou600@hanmail.net

충남 아산시 선장면에서 태어나 충남도청에서 공무원으로 근무하였다. 학문에 뜻을 두고 법학, 행정학, 상담심리, 고전을 공부하였으나 아직도 배움에는 부족함을 많이 느끼고 있다. 앞으로 역사와 문화유산에 관심을 갖고 미래를 설계하고 있다.

올공에 가면 몽촌토성이 있다

저녁을 준비하다 말고 휘적휘적 걷기 시작했다. 집에서 나와 성내천을 따라 5분을 걸어가면 올림픽공원 안으로 들어간다. 입구에서 평지 길을 따라 또 5분 정도 들어가면 언덕으로 올라가는 입구가 있다. 오른쪽으로 돌아 언덕 윗길을 날다람쥐처럼 빨리 걷는다. 아들에 대한 화를 내뿜으며 씩씩거리다 보면 땀이 뻘뻘 나고 어느새 걷는 것에만 집중하게 된다. 숨은 헐떡이지만, 맘은 가라앉았다. 처음엔 언덕 아래 평지를 걸었는데 힘이 들지 않으니 화가 삭지 않았다. 그렇게 1시간을 언덕길을 오르락내리락 일곱 고개를 걷고 나면 한 바퀴를 돌아 제자리다. 걷는 내내 하늘만 가득 보이기도 하고, 가장 높은 곳에 서면 한강 건너 아차산까지 보인다. '옛사람들의 집자리'라고 하는 발굴 현장도 지나고, 몇백 년 된 은행나무도 마주한다. 몇 번을 걷다 보니 점점 주위가 보이기 시작했다. 이곳이 몽촌토성이란다!

20년 가까이 역사 선생을 하며 백제의 수도는 한성에서 웅진으로, 웅진에서 사비로 옮겨졌다고 가르쳤다. '백제의 시조 온조는 처음에 한강 유역에 도읍했는데 고구려의 침입을 받아 한강 유역을 빼앗기고 웅진으로 천도하였다'라고 숱하게 가르치고, 늘 중요하게 생각하여 시험에도 출제하였던 작자가, 한성이 지금의 어디인지 제대로 호기심을 품지도 않았었다.

8년 전이다. 초등학교 5학년 때부터 돌봐주시던 할머니 말을 안 듣고 거의 매일 학교에서 전화가 오게 하는 아들, 고등학교 입학을 눈앞에 둔 딸, 설상가상으로 늘 말썽인 허리까지 또 고장이 났다. 그동안 여러 차례 휴직과 복직을 반복했던 터라 더는 휴직을 거론할 수 없는 사립 인문계 고등학교에 나는 다니고 있었다. 당시의 상황에 굴복하여 사직하였다. 아이들에게만 집중해 보고자 명문여고, 남고가 다 가까운 곳으로 이사도 했다. 그러나 문제는 해결되지 않았다. 아들은 할머니 대신 나에게 온갖 반항을 해댔고, 딸은 엄마의 경력 단절을 싫어하며 자식들만 신경 쓰는 '엄마 노릇'에 불만이었다. 아들이 학교에서 돌아오는 시간만 되면 가슴이 두근거렸다. '오늘은 또 무슨 트집을 잡으려나? 오늘은 뭘 해줘야 퇴짜를 안 당할까?' 아무리 마음을 다잡아도 소용없었다. 생각지도 못한 일로 아들은 내게 화를 냈고, 난 딸에게 험한 꼴을 보이지 않으려고 그 자리를 피해야 했다. 그렇게 집을 뛰쳐나와 정신없이 걷기 시작한 곳이 몽촌토성이었다. 그렇게 몽촌토성은 내게 마음을 가라앉히고 허리도 튼튼하게 해주는 일석이조의 힐링 장소가 되었다.

몽촌토성에 관심을 가지고 들여다보니 토성 아래 한성백제박물관이 눈에 띄어 들어가 보게 되었다. 박물관 로비 바닥에는 몽촌토성 주변 항공사진이 있고,

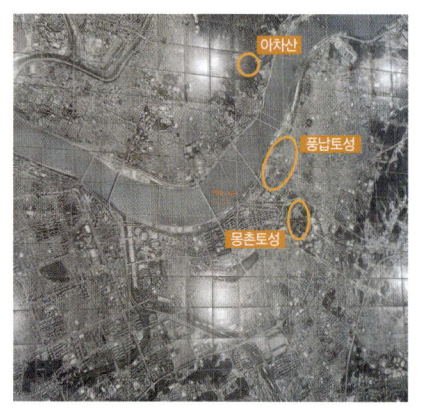

한성백제박물관 몽촌토성 주변 항공사진

로비 전면에는 풍납토성 단면을 실사해놓았다. 전시실을 둘러보니 풍납토성과 몽촌토성 곳곳에서 발굴된 유물들이 가득 전시되어 있었다! 너무 가슴이 뛰었다. 볼 것이 너무 많고 공부하고 싶은 게 너무 많아지는 느낌이었다. 내가 왜 몽촌토성에 오게 되었는지는 벌써 잊어버렸다.

몽촌토성 한 바퀴

분을 삭이기 위해 시작한 몽촌토성 한 바퀴는 점차 몽촌토성에 대한 관심으로 바뀌었다. 토성을 한 바퀴 도는 방법은 다양하지만, 내가 늘 걷는 길은 동문지(東門址)로 올라가서 시계 반대 방향으로 도는 것이다.

동문지를 통해 토성에 오르자마자 오른쪽에 '백제집자리전시관'이라는 둥근 지붕의 건물이 있다. 자유 관람을 할 수 있어 입구로 들어섰다. 들어서자마자 보이는 것은 집자리 유적을 바탕으로 당시 생활 모습을 재현해 놓은 디오라마(Diorama)이다.

동문지 진입 후 오른쪽 경사면으로 올라간다.

올림픽공원(몽촌토성) 안내도

버튼을 누르면 간단한 설명이 흘러나온다. 그 뒤로 바닥보다 낮은 곳에 집자리 유적이 있어 한 바퀴 돌며 현장을 볼 수 있다. 남쪽으로 출입문이 있고, 가운데 넓은 공간이 있고, 북쪽으로 저장구덩이가 있어 마치 요즘의 원룸 같다. 벽 쪽으로는 몽촌토성, 풍납토성, 백제인들의 생활 모습을 정리한 패널들이 전시되어 있다. 굳이 공부를 위한 것이 아니어도 산책길에 쑥 들어와 간단히 둘러보기에 훌륭한 상설 전시관이고, 해설사가 상주하고 있어 자세한 설명을 들을 수도 있다.

집자리전시관을 나와 내려가면 평지의 산책로와 만난다. 교차로를 지나 다시 오르막을 오르면 오른쪽에 완만한 토성 벽에 목책(木柵)을 복원해 놓은 것을 볼 수 있다. 동북 벽과 서북 벽에서 목책이 있던 자리가 발견되어, 그 자리에 기둥을 박아 복원한 것이라 한다. 토성 위에서 봐서는 목책의 위협성을 잘 모르겠고,

백제집자리전시관　　　　　　　　백제집자리유적

아래에서부터 기어 올라가봐야 넘어가기 어렵다는 걸 알 것 같다.

　목책 자리를 지나 다시 내려가면 평지와 만나는 길인데, 이곳이 몽촌토성 북문지(北門址)란다. 북문지에서 다시 완만한 오르막길인데, 토성 안쪽인 왼편에 아직도 진행 중인 발굴 현장이 있다. 현장에 쳐놓은 철망 위 안내판에 발굴 내용이 상세히 적혀 있다. 통일신라 시대 유구와 유물이 나오고 있어 삼국통일 이

후 신라 사람들이 생활하였음을 알 수 있고, 그 아래쪽에서는 자갈, 점토를 섞어 다진 뒤 회와 자갈을 섞어 포장한 것으로 보이는 한성백제의 도로 유구를 확인할 수 있다고 한다.

몽촌토성 발굴현장

1,500년 전 백제의 도로를 눈앞에서 볼 수 있다니! 당시 사람들이 분주하게 오가는 모습이 보이는 것만 같다.

북문지에서 토성을 올라가지 않고 평지 길로 나가면 '백제몽촌역사관'이 있다. 한성백제박물관이 건립(2012)되기 전 몽촌토성에 가장 먼저 만들어진 (1992) '몽촌토성박물관'이라 할 수 있다. 상설전시실에 들어서니 몽촌토성의 입지 조건, 발굴 유물, 백제 사람들의 생활 모습, 한성 시기 백제 이후 웅진, 사비

몽촌토성 동북쪽 벽에 복원된 목책

시기 백제까지의 흐름을 어린이들 눈높이에 맞춰 전시해놓았다. 체험학습, 몽촌토성 답사 프로그램도 있어 유치원생과 초·중학생들에게 인기이다.

　몽촌토성에 관심을 가진 뒤로 나는 3년 전부터 몽촌역사관과 백제집자리전시관에서 해설사로 자원봉사를 하고 있다. 코로나 전까지만 해도 봄, 가을이면 날마다 자원봉사자들이 총동원될 정도로 토성 답사를 오는 학생들을 감당하기 힘들었는데…. 이제는 그때가 그립기만 하다.

　다시 북문지로 돌아와 완만한 경사의 토성 위를 오른다. 왼편으로는 드넓은 잔디밭이다. 올림픽공원으로 개발되기 전에는 이곳 토성 안쪽에 4개의 마을이 있어, 토성 벽에 기대어 산 사람들이 밭농사를 지으며 살고 있었다는데, 지금은 웨딩 촬영을 하고 데굴데굴 구르며 놀 수 있는 잔디밭이 되었다. 몽촌토성에서 유명한 나무 세 그루도 드문드문 서 있다. 드라마 촬영도 했다는 버드나무, 600년을 한결같이 몽촌 들녘을 부둥켜안고 석양을 가려주었을 은행나무, 멀리 솜

몽촌토성 남쪽과 발굴현장

몽촌토성

백제 한성 시대의 토성

사적 제297호

몽촌토성 출토 유물 「꿈마을 백제이야기」

서울 송파구 올림픽공원 안에 있는 백제 한성 시대의 토성이다. 지금은 주변 지형이 바뀐 탓에 마치 평지성처럼 보이지만, 원래는 남한산에서 뻗어 내려온 낮은 구릉의 끝부분에 쌓은 일종의 산성이다.

성벽의 전체 길이는 2,383m이고, 성벽의 높이는 현재 6~40m로 지점에 따라 다르다. 성벽 바깥쪽에 기둥 흔적이 있으며, 동남쪽에서 흘러온 성내천이 동·북·서쪽을 감싸고 돌아 해자 역할을 한다. 성벽 바깥 동북쪽 작은 구릉에는 둘레 270m 정도의 목책 보루가 따로 있었다.

몽촌토성 안에서는 각종 집자리와 건물지, 저장구덩이와 연못이 발견되었고, 수천 점의 토기와 중국에서 수입한 도자기들, 뼛조각으로 만든 갑옷 등이 출토되었다. 몽촌토성 안팎에서 5세기 말엽에 조성한 무덤이 발견되었으므로 백제가 도읍을 웅진(공주)으로 옮긴 뒤에는 버려졌음을 알 수 있다.

1916 학계에 보고 - 1981 서울올림픽 개최 확정 후 발굴 시작 - 1982 사적 지정 - 1983~1998 6차례 발굴 조사(성벽, 외곽시설, 토성 규모, 해자, 축조 방법, 다양한 유물, 집자리, 목책, 연못지, 온돌 건물지 등 확인) - 2013~2024 발굴 진행

나홀로 나무

사탕 같은 나홀로 나무.

　오른편 토성 밖으로는 올림픽공원 전망이라는 최대 장점을 내세운 고급 빌라들이 있다. 그 옛날에는 토성에서 밖의 적을 감시했을 텐데, 지금은 토성보다 높은 집에서 토성 안을 내려다보는 것이 좋은 세상이 되었다.

　완만한 경사로는 서편으로 꺾어지며 급경사를 이룬다. 막판 계단까지 숨을 헐떡이며 오르고 나면 몽촌토성에서 가장 높은 곳이다. 벤치에 앉아 땀을 식힌다. 가까이 아파트들이 시야에 걸리기는 하지만, 멀리 보면 한강의 올림픽대교 건너 아차산까지 보인다. 이곳은 토단(土壇)이라 하여 토성에 흙을 더 쌓아 올려 망루를 설치한 곳이다. 이 토단은 높이 44.8m의 봉우리로, 한강 건너편까지 잘 보이는 곳이었다. 토성 북쪽의 풍납토성, 강 건너 아차산, 동쪽으로는 이성산성, 남쪽으로는 남한산, 서쪽의 삼성동 토성까지 다 보이는 이곳에서 외적을 감시

몽촌토성 북문지에서 서성벽 가는 길. 은행나무와 버드나무

하는 백제의 군사들이 든든히 서 있었을 것이다. 몽촌토성 주변에 석촌동, 가락동, 방이동 고분군들이 남아 있는데, 지금처럼 아파트들이 들어서지 않았을 때는 이곳에서 다 보였을 만한 거리이다.

그러고 보니, 백제는 모두 수도 북쪽에 큰 강을 끼고 있다. 북쪽에 있었던 고구려와의 전쟁을 염두에 두고 있었기 때문이리라. 여기서는 한강을 1차 방어선으로, 해자를 2차 방어선으로, 목책을 3차 방어선으로 삼았을 텐데, 개로왕은 저 아차산에 끌려가 죽임을 당했으니…. 안타까운 마음으로 한성백제의 종말을 상상하며 토단을 내려온다.

급격한 경사를 올라온 만큼 계단으로 내려가면 다시 토성 밖과 안을 연결하는 교차로가 나온다. 토성 밖으로는 호수(백제 때 서벽 바깥쪽에 작은 하천에 일부러 땅을 파내고 근처 성내천의 물을 안으로 끌어들여 만든 해자)를 건너가는 다

남쪽 토단에서 본 평화의 문

리가 있는데, '곰말다리'라는 이름이다. '곰말'은 '곰마을'의 줄임말이다. 백제 때부터 곰 마을이 있었는데, 시간이 흘러 꿈 마을로 변형되고, 한자로 바뀌어 몽촌이 되었다는 이야기이다. 곰나루(熊津, 웅진)에서 '곰주'가 나왔고, 곰주가 세월이 흘러 '공주'가 된 것처럼 말로 전달되는 게 이렇게 변하는구나 싶다.

정월 대보름에는 이곳에서 송파 다리밟기 놀이가 있었는데, 한 번 다리를 건널 때마다 나이가 젊어진단다. 30번쯤 왔다 갔다 하며 20대로 돌아가 볼까나?

몽촌! 늘 뭔가 꿈같이 좋은 일만 일어날 것 같은 이름이다. 내가 화

한성백제 전성기에 일본에 하사한 칠지도를 형상화한 데크 계단

한성백제박물관 외관

병을 치유한 것처럼.

  언덕을 오르락내리락 네 번이나 했다. 오른쪽 발밑으로 호수(해자)를 보며 높은 성벽 위를 한참 걷는다. 호수 건너 88올림픽 때의 성화가 아직도 활활 타오르는 평화의 문과 그때의 영광을 상기하자는 듯 광장에는 노상 만국기가 펄럭이고 있다. 우리나라 최고 높이라는 롯데타워도 눈앞에 우뚝하다.

  또 한번 토단에 선다. 이번엔 남쪽 토단이다. 높이 37.3m로, 백제 고분군이 위치한 가락동, 석촌동 일대가 다 보였을 텐데, 지금은 높은 건물들에 가려 눈으로만 더듬을 수밖에 없다.

  남쪽 토단에서 내려가면 토성을 형상화한 한성백제박물관이 있다. 로비에 들어서자마자 눈앞에는 풍납토성 성벽이, 발밑에는 몽촌토성 일대의 위성사진이 있어 너무 신기하고 호기심이 일어나는 곳이다.

몽촌토성을 늘 오가는 내게는 한성백제박물관에서 몽촌토성의 유물뿐만 아니라 한강 유역의 역사, 풍납토성, 석촌동 고분군의 유물들, 한성 이후 백제의 역사를 한눈에 볼 수 있는 게 편하긴 하지만, 각 유물은 발굴된 장소에서 전시하는 것이 가장 바람직하지 않을까 생각한다.

한성백제박물관을 통해 한성백제의 풍납토성과 몽촌토성을 좀 더 탐구하게 되었다. 한성백제의 멸망에 대한 『삼국사기』의 기록을 보면, '고구려군이 백제의 왕도 한성인 북성(北城)을 함락시키고 남성(南城)을 공격하자 왕이 도망하였다'고 하고, 『일본서기』에는 '고구려군이 대성(大城)을 함락시켰다'고 한다. 현재 역사학자들 대부분은 북성=대성을 풍납토성으로, 남성을 몽촌토성으로 추정하고 있다.

사적 제11호인 풍납동 토성은 서울 송파구 풍납동에 위치한 백제 시대 성곽

풍납토성 성벽과 축성 모습

으로, 현존 길이는 2,100m이며 유실된 서벽을 포함한다면 전체 길이 3,500m에 달하는 평지의 거대한 토성이다. 일제강점기인 을축년(1925) 대홍수 때 유실된 성벽에서 중국제 초두 등 왕족이나 귀족이나 쓸 법한 유물이 발견되면서 중요성이 인식되어 고적으로 지정되었다(1936). 그런데 이때 성 전체가 아닌, 유실되고 남아 있던 성벽만을 고적으로 지정한 것이었고, 광복 후에도 그대로 남아 있는 성벽만 사적으로 지정되었다(1963). 그 후 유실된 성벽과 성안은 많은 사람의 주거지가 되었고, 지금은 4만 명이 넘는 인구가 밀집되어 살고 있다.

그동안 풍납토성 발굴은 재건축이 일어나는 곳을 중심으로 해당 지역을 발굴하고 사적으로 지정하는 방법으로 이루어졌고, 앞으로도 부분적인 토지 매입 등으로 사적 지정을 넓혀나갈 것이다.

이처럼 문화유산 보존·관리는 현재를 사는 주민들의 소유권과의 갈등이 불가피하다. 어떻게 하면 문화유산 보존과 주민의 삶이 어우러져 같이 갈 수 있을 것인가 하는 문제는 풍납토성의 가장 큰 과제인 것이다.

몽촌토성은 금동장식, 무기류, 군인들이 생활한 것으로 보이는 움집터 등이 발견되어 방어용 성이었을 것으로 추정하며, 토성 안에서는 온돌을 사용한 건물지를 포함한 여러 건물지에서 300여 점이 넘는 고구려 유물도 출토되어, 한성백제를 무너뜨린 고구려군이 한동안 몽촌토성에 머물렀던 것으로 본다.

지형적 요인과 토성의 구조 등을 종합하여 볼 때, 몽촌토성은 풍납토성보다 방어력이 훨씬 뛰어난 성임을 알 수 있고, 내부에서 발견된 유구와 유물의 특성을 보더라도 평상시의 활동을 위한 성이라기보다는 전쟁 등에 대비하기 위한 성으로의 역할이 컸을 것이다.

전성기였던 근초고왕 대에 고구려의 수도까지 공격하여 고구려 고국원왕까지 죽이고 세력을 떨쳤던 한성백제의 마지막은 너무 허무하다.

바둑을 좋아하는 개로왕에게 고구려 첩자 도림이란 승려가 접근하여 왕의 신임을 얻고, 왕실의 권위를 높여야 한다며 궁궐과 성곽의 수리를 건의하였다. 개로왕은 백성들을 징발하여 거대한 토목공사를 하며 국가 재정을 궁핍하게 하고 백성들을 도탄에 빠트린다. 무리한 토목공사로 쇠약해진 백제는 고구려 장수왕이 이끄는 3만 대군의 공격을 받았다. 개로왕은 한성을 빼앗기고 아차산에 끌려가 죽임을 당하였고, 백제는 고구려에 쫓겨 웅진으로 수도를 옮겨야만 했다.

쓸쓸함을 뒤로 하고 다시 토성을 올라 남문지(南門址)로 향한다. 몽촌토성이 올림픽공원으로 개발되기 전인 1980년대 초까지 토성 안쪽에는 4개의 마을이 있어서 농사를 지었던 땅이었다는데, 지금은 해마다 땅을 갈아엎어 가며 꽃들

들꽃마루

을 키워내고 있다. 우리나라도 이제 먹거리 농사보다 볼거리 농사를 많이 짓는다더니, 도시의 땅들은 모두 잔디밭과 꽃밭이 되고 있다.

　시작점을 코앞에 두고 동쪽 토단이 나온다. 토단들은 모두 망루가 설치되어 적병을 감시하는 초소였는데, 이제는 하늘을 가장 많이 볼 수 있는 전망대가 되었다. 어디를 걷든 다 좋지만 높은 곳에서 내려다보는 전망이 가장 시원스럽다.
　올림픽경기장과 공원을 조성하면서 몽촌토성을 발굴하기 시작했고, 그 결과 몽촌토성을 침범하지 않고 호위하듯이 경기장들이 들어서게 되었다. 동쪽 토단에서 보면 수영장, 체조경기장, 핸드볼경기장, 자전거경기장들이 나란하다. 야외 공연이 열리는 88잔디광장, 올림픽 때 만들어진 선수촌 아파트, 그 너머 하남의 일자산, 더 멀리 남한산까지 보이는 곳이다. 잔디광장에서 공연이 있을 때면 펜스를 둘러쳐서 평지에서는 안을 들여다볼 수 없는데, 이곳에 서면 볼 수가 있었다. 그러나 언제부턴가 여기에도 검은 그물망을 쳐버린다. 몰인정하기도

동쪽 토단에서 내려다 본 88잔디광장

하지. 토성 한 바퀴를 시작했던 동문지에 도착했다. 시작할 땐 답답한 마음이었더라도 이렇게 한 바퀴 돌고 나면 속이 후련해진다.

하루 중 조용히 정리가 필요할 때, 머릿속이 복잡할 때, 억울한 일을 당했을 때, 누군가 미울 때, 심지어 졸릴 때, 난 이렇게 몽촌토성을 찾는다.

여기는 한성백제

공주의 공산성, 무령왕릉과 백제왕릉원, 부여의 관북리 유적과 부소산성, 나성, 능산리 고분군, 정림사지, 익산의 왕궁리 유적, 미륵사지는 '백제역사유적지구'란 이름으로 세계문화유산에 등재되었다(2015). 또한, 사람들은 '백제'라고 하면 공주, 부여를 떠올릴 뿐, 그 이전 한성이 있었음을 대부분 알지 못한다. 백제 역사 678년(BC18 ~ 660) 중 전체의 73%에 해당하는 493년이 한성 시기였음에도 백제역사유적지구에 이름을 올리지 못하고, 사람들에게 알려지지도 못했으니, 몽촌토성을 아끼는 나로서는 이런 억울한 일이 어디 있나 싶다.

왜 한성백제의 왕성으로 추정되고 있는 풍납토성과 몽촌토성, 왕릉인 석촌동 고분군은 세계유산에 들지 못했을까? 한성이 고구려군에게 초토화되었고, 현대에 와서 전국에서 가장 활발하게 개발이 추진된 서울에 위치하여 왕성의 흔적을 발굴하기 어려웠다는 점 때문일 것이다. 또한, 현재 풍납토성과 몽촌토성에서 발굴된 유물만으로는 왕성이라 할 만한 결정적인 증거가 없기 때문에, 백제 초기 수도로서 일부 거론되고 있는 하남이나 천안 등을 완전히 막을 수 없기 때문일 것이다.

그러나 언제나 긍정적인 미래를 생각하는 나는 여기서도 꿈을 가진다. 몽촌, 꿈마을 아닌가! 2024년까지 몽촌토성을 계속 발굴할 것이고, 풍납토성도 성안에 사는 사람들의 소유권을 보상하려면 천문학적인 예산이 든다고 하지만, 중요 지점을 중심으로 조금씩 발굴지를 넓혀나가고 있으니, 언젠가는 풍납토성과 몽촌토성이 한성백제의 왕성이라는 결정적인 유물이 나올 것이다!

유물 발굴 못지않게 중요한 것이 있다. 몽촌토성은 올림픽공원 안에 있다. 그러나 날마다 산책을 하러 올림픽공원을 찾는 사람 중에도 몽촌토성을 모르는 사람이 많다. 1,500년 전부터 몽촌토성은 있었으나, 현대에 올림픽공원으로 개발되어 소마미술관, 공원 구석구석 유명한 조각가들의 작품 등 현대 문화를 느낄 수 있는 것들이 들어차면서 넓고 쾌적한 공원으로만 인식될 뿐이다.

올림픽경기장들이 대형 공연장으로 쓰이면서 주말마다 전국의 인파가 몰린다. 그러나 공원을 가득 메우는 찐 팬 중 누구도 바로 옆에 몽촌토성이 있음을, 토성을 한 바퀴 산책하며 망루였던 토단, 백제 집자리 유적, 몽촌역사관, 한성백제박물관을 볼 수 있음을 알지 못한다. 그래서 나는 많은 사람에게 올림픽공원에 몽촌토성이 있음을, 한성백제의 마지막 역사가 이곳에서 있었기에 웅진, 부여, 익산의 백제가 있었음을 알리고 싶다.

내가 몽촌토성에서 자원봉사 해설을 하고, 거칠지만 이런 글을 쓰는 이유이기도 하다.

이은경 leeek1124@naver.com

예전엔 역사 교사를 했고, 지금은 자유롭게 공부하고 싶은 것을 찾아가며 문화유산해설사를 하고 있다. 문화유산을 찾아 답사하는 것을 가장 즐긴다. 나이가 들수록 더 공부하는 게 재밌고 하고 싶은 일이 많다. 열심히 공부해서 남 주는 것을 좋아한다. 체력이 허락하는 한 많이 공부하고, 많이 다니고, 많이 퍼주고 싶은 것이 꿈이다.

평화를 꿈꾸는 금수강산
금산에 살어리랏다

충남 금산은 노령산맥을 이루는 서대산, 천태산, 대둔산 등 겹겹이 높은 봉우리에 둘러싸여 있는 천혜의 요새이다. 금강의 물길이 굽이굽이 적셔가며 비옥한 분지를 이루어 풍요로운 삶의 터전으로 수많은 역사의 현장이 되어왔다. 청동기시대에는 금강을 따라 대규모 마을을 이루고 살았으며, 철기시대에는 마한의 세력에 포함되었고, 4세기경에는 백제의 영역에 편입된다. 삼국시대는 백제, 신라, 가야 문화 교류의 현장이자, 백제와 신라의 각축전이 벌어진 장소이다. 지금으로 말하면 최전방 DMZ 같은 곳이라 할 수 있겠다.

　고려시대 말에는 야은(冶隱) 길재의 불사이군(不事二君) 충절의 정신이 깃들어 있고, 조선시대에는 태조대왕 태실이 봉안된 천혜의 길지였으며, 임진왜란 당시에는 전남 곡창지대를 지키기 위해 치열한 전투를 5번이나 치루면서 전주성을 탈환하지 못하도록 저지하였고, 임진왜란을 승리로 이끌었던 곳이다.

　금산역사박물관에 있는 금산의 유적을 보면 이러한 역사의 장을 바로 확인할 수 있다. 수당리 유적지와 백령성에서는 백제의 토기, 창평리에서는 가야의 토기, 장대리에서는 신라의 토기가 발견되었다고 하며, 각 지역 토기의 특색들이 모두 다르다고 기록되어 있다.

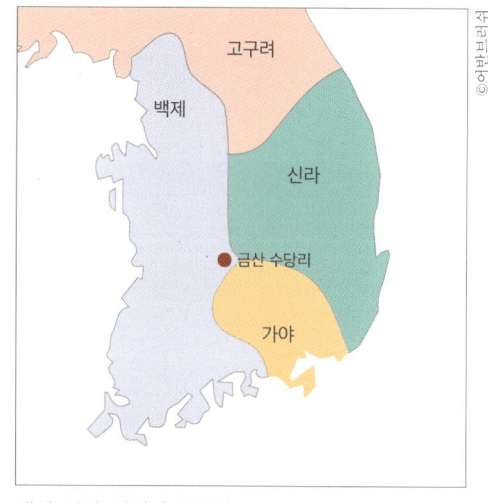

백제, 신라, 가야가 한곳에

임진왜란 당시 전주성으로 가는 길목

　'어찌 이런 일이. 이 작은 금산군에 백제, 신라, 가야가 공존했으니 시대적 상황이 혼란스러울 때는 전쟁의 연속이지 않았을까. 참으로 살아내기 힘들었겠다'는 생각이 절로 든다. 그래서 금산에는 유독 산성이 많아 과거 전쟁의 소용돌이를 짐작할 수 있게 한다.

신라를 막아라, 백령성

　금산군 남이면 역평리에는 600고지가 있다. 한국전쟁 이후 5년여에 걸쳐 빨치산(인민군 유격대)과 군·경 합동토벌대와의 치열한 전투가 벌어졌던 곳이다. 지금도 6월이면 돌아가신 분들을 추모하기 위해 많은 이들이 이곳을 찾는다. 600고지 바로 위에 고개만 들면 바라다 보이는 그곳에 백령성이 있다. 나도 그동안 호국 행사에 참석은 하면서 그 위 백령성은 올라가지 않았다. 그냥 돌덩이가 널부러져 있는 곳이라 생각하고 애써 찾아볼 생각도 없던 것이다. 코로나19가 오기 전까지는 그랬다.

평소에 학생들을 데리고 교과서에 나오는 유적지나 유물을 찾아 다닌 지 20년 째다. 전국을 누비며 체험 학습을 진행했지만, 정작 내가 있는 금산의 유적지는 찾아 볼 생각도 안 했다. 금산을 알리는 것은 지역의 향토 사학자나 문화해설사의 몫이라 생각하면서 외면해 온 것 같다. 그러나 코로나19로 타 지역 유적지를 찾지 못하게 되면서 자연스레 지역의 유적지에 관심을 갖게 되고, 금산문화원장님을 따라다니게 되었다. 그러면서 금산의 유적지 대부분이 전쟁의 아픔을 간직하고 있으며, 문화재 보존상태가 아주 열악함을 알게 되었다. 그 중에 한 예가 백령성이다.

백령성은 둘레 207m의 작고 야무진 산성이다. 1990년 충청남도 기념물 제83호로 금산에서 유일하게 문화재로 지정된 산성이다. 금산에는 백령성 외에도 20여 개의 산성들이 있는데, 모두 비지정문화재로 관리가 안 돼 방치된 상태이다.

다행히 2020년 백령성을 발굴 조사하는 장면을 직접 보게 되었다. 충남역사문화연구원의 도움으로 몇 차례 학생들을 데리고 답사를 다녀왔다. 학예사의 설명을 들으면서 백령성의 가치를 느끼고, 학생들도 고고학자의 하루를 체험해보는 영광을 누렸다.

당시 저장수혈구덩이(저장용으로 사용한 반지하식 건축물의 구덩이)를 봤다. 주위에 기와 파편을 이은 것은 빗물의 유속을 감소시키기 위한 차수벽으로 사

인삼향 품고 금산 소풍 가유~
금산소풍길에서 만나보는 역사탐방시간

용했다고 한다. 남문은 사다리를 이용해 이동하는 현문식 구조로, 그 앞에 내옹성 덕분에 적의 공격을 한 번 더 막을 수 있게 장치되어 있다. 무엇보다 값진 것은 목곽고의 해체 장면을 볼 수 있었다는 것이다.

백령성의 목곽고는 정상부에는 1,400년 전의 모습을 간직한 저수용 목곽고였다. 목곽은 방형에 가까운 평면 형태로 동서 480㎝, 남북 450㎝의 크기, 잔존 깊이 120㎝ 규모였다. 어떻게 나무가 1,400년간 썩지 않고 버티었는지, 그 많은 양의 물을 나무가 어떻게 지탱했는지 의아했는데, 나무가 점토와 만나면 썩지 않고 유지된다는 설명을 들었다.

지금까지 삼국시대 목곽수조는 공주 공산성, 대전 월평동 유적, 순천 검단산성, 부여 부소산성 등 다른 백제산성에서도 발견된 적이 있지만, 대체로 나무가 썩어 없어져 용도에 대한 논란이 많았다고 한다. 그러나 백령성의 목곽고는 나무가 그대로 보존되어 역사적 가치가 높다고 한다. 이와 함께 백령성에서는 총 3,000여 점의 명문기와가 발견되었다. 이전까지 명문기와는 신라 기와로 간주

발굴소사 이전의 목곽고 자리

1,400년 전 목곽고 모습이 드러났다.

되어 왔기에, 백령성에서 발견된 명문기와는 신라와 백제의 국경에 대한 중요한 단서가 되고 있다.

  백령성 발굴현장을 보면서 금산이 전라도와 경상도를 연결하는 중요한 통로였음을 깨달았다. 삼국시대, 통일신라시대와 임진왜란 등을 볼 때 금산의 위치가 전략적 요충지 역할을 했음을 알 수 있고, 많은 성들을 발굴조차 하지 않았다는 점이 안타까울 뿐이다.

이순신무오와. 이순신은 백령성 주변의 지명으로 추정되며, 무오는 599년이나 659년에 만들어졌음을 의미한다.

율현병진와. 율현은 백령성 주변의 지명으로 추정되며 병진와는 597년이나 657년에 만들어졌음을 의미한다.

발굴 조사 전 백령성 남문

발굴조사 후 정비된 백령성 남문

충청남도 기념물 제83호

백제 동쪽의 방어관문, 백령성
신라의 공격을 차단하는 요충지

백령성 예상 조감도 ⓒ백령성 발굴 현장

충청남도 금산군 남이면 역평리와 건천리에 걸쳐 있는 백령성은 둘레 207m로 돌로 쌓은 백제 시대의 산성이다. 1990년 충청남도기념물로 지정된 후 2004년 1차 발굴, 2005년 2차 발굴, 2020년 3차 발굴조사가 진행되었다.

조사 결과 잘 다듬어진 성돌, 현무식 문지, 치, 회곽도 등 성벽시설과 목곽시설, 구들, 수혈, 보도사설 및 축대 등 다양한 성내 시설이 확인되었다. 백령성은 백제와 신라가 국경을 마주한 접경지대에 위치하고 있어 두 나라에게 매우 중요한 장소라는 것을 알려 준다. 백제시대 백령성이 위치한 산간협곡은 신라의 공격을 차단하는 요충지였다. 수도 사비성(지금의 부여군)을 방어하기 위해서는 산지인 금산군에서 신라군을 방어하는 것이 필요하였고, 신라는 추부면 장대리 인근을 장악하고 있었으니 백령성이 백제의 최전방을 담당한 성곽이라고 할 수 있다.

백령성은 전형적인 테뫼식 산성이다. 백제는 테뫼식 산성은 많이 쌓았고, 규모가 700m를 넘지 않는 게 대부분이라고 한다. 성문은 남문과 북문이 있는데, 남문은 현문식(懸門式) 즉 다락문식으로 남아 있다. 현문식 성문은 신라 성문에 많은데 백제 성문으로 확인된 것은 백령성이 처음이라고 한다. 북문은 대부분이 훼손되어 일부만이 남아 있는데, 아직까지 훼손된 이유를 알 수 없어 궁금증을 자아낸다.

백령성은 백제산성의 특징적인 구조와 형태를 연구하기에 좋은 자료가 된다고 한다. 백령성의 조감도는 앞으로 우리 금산이 이렇게 복원하고자 노력하는 의미로 봐주면 좋겠다.

600고지, 그곳에서 무슨 일이?

　꼬불꼬불 산길을 돌아들면 넓은 주차장이 나오고 남이면 역평리와 건천리의 갈림길이 나온다. 한국전쟁이라는 동족상잔의 아픔을 고스란히 안고 있는 600고지 주변은 당시 많은 민간인이 함께 토벌 당하며 집집마다 곡소리가 끊이질 않았다고 한다.
　이곳 지형은 해발고도 650m의 백암산과 758m의 선야봉 연봉을 이루는 이 두 산의 줄기가 서로 마주보며 자락을 급히 내려 깊은 골짜기를 이룬다. 이 곳의 이름은 '느티골' 골짜기로, 주변에 느티나무가 많아서 지어진 이름이다.

600고지전승탑과 추모비

동·서·남쪽은 높은 산줄기가 감싸고 북쪽으로 좁은 골짜기가 돌아나간 이 협곡은 난공불락 천혜의 요새로 1951년 토벌작전 당시 백암산 일대를 장악한 빨치산 본부가 있던 곳이다.

건천리는 첩첩산중 골짜기에 있는 마을이다. 한국전쟁에서 패배한 후 퇴로가 막힌 빨치산과 그 동조자들이 숨어 지내며 저항하던 곳으로, 지금도 북쪽으로 해발 350m의 오항고개를 넘거나 남동쪽으로 360m의 배티재를 넘어야 마을로 들어갈 수 있는 천혜의 요새다. 오항고개와 배티재 두 고개를 넘지 않고는 험준한 산을 넘어야 비로소 건천리에 닿을 수 있기 때문에 퇴로가 막혀 궁지에 몰린 빨치산과 그 동조자들에게는 그보다 좋은 곳이 없었겠지만, 국군은 이들을 소탕하기까지 많은 애를 먹었다고 한다. 이러한 지형 덕에 5년이나 숨어 버티었다고 하니, 그 험악한 산세를 짐작할 수 있다.

지금 이 자리에는 600고지전승탑이 세워져 있다. 난공불락의 요새인 산을 상징하는 양쪽 구조물 사이에 영원히 펄럭이는 승리의 깃발을 당당하게 배치한 조형물이다. 탑 앞의 충혼비에는 전쟁에 목숨을 잃은 이들의 이름이 빽빽하게 새겨져 있어 보는 이들을 숙연하게 한다.

천년의 은행나무가 지키는 보석사(寶石寺)

보석사 일주문을 들어서자마자 보이는 전나무 숲길. 키 큰 나무들이 양쪽으로 하늘 향해 두 팔 벌려 서 있고, 아이들은 그 사이 난 쭉 뻗은 길을 내달린다.
"애들아! 잠깐만, 여기 중요한 유적이 하나 있어!"

아이들에겐 나의 외침이 들리지 않는가 보다. 혹시나 넘어질까 소리 질러 세워보지만 소용이 없다. '그래, 돌아오는 길에 다시 보면 되지!' 나도 아이들 뒤를 따라 함께 달린다. 푹신한 땅의 감촉이 어릴 적 뛰놀던 운동장 같아 달리기에 딱 좋다. 그래, 이런 길은 달려가는 게 맞는 것 같다. 오랜만에 뛰는 심장에 기분마저 상쾌하다. 숨이 턱밑까지 차 숨을 몰아쉬고 있으려니, 누가 먼저랄 것도 없이 소리를 지른다.

"우와, 크다!! 무슨 운동회하는 날 같아요!"

천년 묵은 은행나무 가지에는 색색의 깃발이 장식되어 있고, 나무 앞에는 대형 플래카드가 나부끼고 있었다. 10월 16일, 보석사에서 열리는 은행나무 대신제의 흔적이다. 아이들과 은행나무 둘레를 걸으며 대신제 장면에 대해 이야기한다.

보석사 입구 전나무길

대신제 날을 회상하며

비나이다~ 비나이다~
코로나 빨리 극복하게 해주세요

은행나무 대신님! 풍악소리 들으시고 기분 좋게 얼씨구~

그날도 은행나무에는 주렁주렁 오색 리본이 매달려 춤을 추고 있었어. 항상 은행잎이 노랗게 물들 때쯤 대신제를 지내지.

2021년 10월 16일에 '국태민안, 홍익인간, 통일염원. 그리고 금산군의 발전과 코로나19 조기종식'을 기원하는 깃발과 함께 은행나무 대신제를 봉행했어. 이날 행사는 범종5타를 시작으로 보석사 주지 스님의 청명한 목탁소리, 남이면 농악팀의 흥겨운 가락에 맞춰 시작되었지. 깊어가는 가을. 보석사 마당에는 많은 불자와 대신제를 기원하는 사람들로 분주했단다.

대신제 후에는 어울림마당이 열렸는데, 천고를 연주하며 바라춤을 추는 승무의 고깔모자는 사뿐사뿐 리듬을 타며 오색 물빛으로 빙그르르 돌아 사람들의 마음을 하늘 위로 날아오르게 했지. 그만큼 여승의 춤사위가 멋드러졌단다.

장곡스님은 "보석사 은행나무는 지역민들의 안녕을 수호하는 버팀목으로 1,100년 동안 이 자리를 꿋꿋하게 지키고 있다"고 하시며 "오늘 대신제를 통해 금산군이 전국에서 제일 살기 좋고 행복한 군(郡)이 될 수 있을 것"이라고 다짐하듯 말씀하셨지.

보석사 입구에 서 있는 은행나무는 조구대사가 보석사 창건(886년) 무렵 제자와 함께 심었다고 전해진다. 높이 40m, 둘레 10.4m로 나이는 1,112년 이상으로 추정된다. 위로 뻗은 가지가 땅으로 파고들고 다시 그 곳에서 가지가 자라 오르고 있으며, 그 뿌리가 땅 속 100여 평에 걸쳐 퍼져 있다고 한다. 장엄하고 어쩌면 위압적인 외형이다.

이 은행나무는 마을에 변고가 있거나 나라에 큰 일이 났을 때 소리 내어 울어 재난에 대비하도록 알려주는 마을의 수호신으로 전해진다. 그래서 매년 음력 5월 5일(단오)이면 신도들이 모여 은행나무 앞에서 대신제를 지내고 있다. 이처럼 보석사 은행나무는 오랜 세월 사람들의 관심과 보살핌을 받아온 나무로 민속학·생물학적 자료로 가치가 높아 천연기념물로 지정·보호받고 있다.

의병승장비

아이들을 이끌고 보석사 입구로 다시 나와 미처 못 본 '의병승장비(義兵僧將碑)'를 찾는다. 이 승장비는 금산 전투에서 중봉 조헌과 함께 순절한 기허당 영규대사의 순절 사적비로써 1840년 보석사 입구에 건립되었다. 비문은 우의정 조인영이 지었고, 금산 군수 조취영이 비의 앞면의 '의병승장'이라는 큰 글씨를 새겼으나 많이 훼손된 상태다. 1940년 일본 경찰이 비각을 헐고 자획을 훼손하여 땅에 묻혔던 것을 광복 후에 다시 세워 오늘에 이른다고 한다.

금산 인삼의 시작, 강처사와 개심터

　1,500년 전 진악산 아래 강씨네가 살았다. 아버지가 일찍 돌아가시자, 아들 혼자서 홀어머니를 모시게 됐다. 그런데 홀어머니마저 병으로 눕게 되자 아들은 효험이 뛰어난 진악산 관음굴을 찾았다.

　"하느님! 어머니의 병을 부디 낫게 해 주소서."

　며칠 동안 정성껏 빌자, 어느 날 꿈속에 진악산 신령이 나타나 말했다.

　"관음불 바위벽에 가면 붉은 열매 세 개가 달린 풀이 있다. 그 뿌리를 달여서 어머니에게 드리면 병이 곧 나을 것이다."

　이튿날 그 곳에 찾아가자, 과연 붉은 열매 세 개가 달린 풀이 있었다. 잔뿌리 하나까지도 다치지 않도록 정성껏 캐어서 달여 드리자, 어머니의 병이 정말 깨끗하게 나았다. 그 풀의 모습이 사람 모습과 비슷해서, 사람들은 '인삼(人蔘)'이라고 부르기 시작했다고 한다. 산에 나던 이 약초를 밭에다 심기 시작한 것은 금산이 처음이었다.

　이처럼 금산의 인삼은 하늘이 효자에게 내리신 선물이다. 어머니의 병을 고치

개심터 공원

기도 끝에 인삼을 찾아나선 강처사

기 위해서 애쓰던 금산 강처사의 효심에 산신령이 감동해서 산삼을 찾게 해주었던 것이다. 이곳 마을 이름이 '개안(開眼)'이라고 한 것도 '인삼의 눈을 트게 한다'는 의미다. 밭머리에는 '개삼터'라는 비석이 세워져 있는데, 나중에 건물을 지어 '개삼각'이라고 했다. 지금의 금산인삼축제가 바로 이곳에서 시작된다.

개삼각 앞마당에는 강처사가 살던 초가삼간이 복원되어 있다. 초가집에서 뒷산을 바라보면 사오리 쯤 먼 곳에 깃발이 나부끼며, 관음굴의 위치를 알린다. 진악산은 금산 사람들이 아침저녁으로 바라보는 남산이며, 휴일이면 등산코스로 즐겨 찾는 곳이기도 하다.

태조대왕 태실이 있는 명당

아기가 태어나면 탯줄의 처리 문제로 고심하게 되는데, 우리나라 민간 전통의 풍속으로는 태를 태우거나 땅에 묻거나 말려서 나중에 약으로 사용하기도 했다. 조선시대 왕실에서는 왕족의 태를 소중히 다루며 명당을 골라 태를 매장하거나, 왕자나 공주가 태어나면 그 태를 깨끗이 씻어 태를 안치하는 작은 항아리에 넣고 그 항아리를 다시 더 큰 항아리에 넣어 여러 단계를 거쳐 포장을 하였다. 그 후에 태를 안치할 명당을 찾고 길일에 맞추어 태를 매장하였는데, 이를 '장태법'이라고 한다.

태조대왕 태실은 충청남도 금산군 추부면 마전리 일대가 내려다보이는 곳이다. 원래 함경도 용연에 있던 태실을 이곳으로 옮긴 것이다. 그 이유에 대해서는 여러 의견이 있지만, '음양오행설'에 따른 풍수리지 때문이라는 학설이 유력하다. 명당으로써 금산을 다시 한 번 생각하게 하는 대목이다.

 태조대왕 태실비는 삼등분으로 나눠볼 수 있다. 비석의 받침은 거북의 얼굴인데, 정면이 아닌 우측 방향으로 돌려 눈을 부릅뜬 채 어딘가를 응시하고 있다. 바로 진안의 마이산 방향이다. 마치 화기를 품은 거북이가 이왕가(李王家)에 상극인 금(金)기운이 서린 마이산을 보며 치아를 드러내며 제압하는 형상이다.
 마이산의 금기운이 오행의 상생 상극원리에 의해 금극목(金克木), 즉 마이산의 금기운이 목기운을 제압하는 격이 된다. 여기서 목기운이란 이씨 왕조를 가리킨다. 오얏나무를 뜻하는 이(李)성의 나무목(木) 변은 곧 목기운을 의미한다. 이성계는 마이산의 지명을 속금산(束金山)으로 바꾸었는데, 속금이란 '금 기운을 묶어둔다'는 의미라고 한다.

음양오행 쉽게 알아보기

아이들과 태항아리 찾기

백문이 불여일견(百聞而 不如一見)이요,
백견이 불여일각(百見而 不如一覺)이며,
백각이 불여일행(百覺而 不如一行)이라.

백번 듣는 것보다 한번 보는 게 낫고,
백번 보는 것보다 한번 깨우침이 나으며,
백번 깨우침보다 한번 행함이 낫다는 것이다.

    현장체험학습을 진행하면서 평소 실천하려고 가슴에 새기는 좌우명이다. 문화유산활용에 뜻을 두고 역사현장을 찾아다니며, 그 현장에서 느끼는 생생한 재미를 최대한 많은 이들과 공유하고자 한다. 우리 지역 가까운 보금자리를 보고, 듣고, 느끼는 학습이 끝나면 다른 도시의 유적지로 또 다른 여행이 시작될 것이다.

김인숙 kis9007@hanmail.net

문화재청이 청소년과 함께 추진하는 '민·관·협력운동'에 앞장서서, 조상들이 물려준 소중한 문화재를 나는 오늘도 열심히 '알고, 찾고, 가꿈'으로써 문화재의 의미를 널리 공유하고, 미래에 전달하고자 문화재 지킴이 활동을 한다. 충남 금산을 기반으로 비단골 문화재 지킴이 대장, ㈜헤리티지 樂으로 활동하고 있다.

도깨비도 흥겨운 천안삼거리

천안에 뿌리를 내린 지 25년이 되었다. 1997년 1월 1일부로 당시 다니던 회사에서 천안으로 전보되어 천안 생활을 시작했다. 어떻게 알았는지 천안에 살고 있던 몇몇 친구가 환영식을 해준다며 데리고 간 곳이 천안삼거리 인근 주막이었다. 그런 인연 때문일까? 그해 겨울부터 생각이 번잡할 때 자주 찾게 되는 곳이 천안삼거리공원이었다.

천안으로 부임할 즈음 나는 회사의 선·후배 동료들에게 분에 넘치는 사랑을 받고 있었고 회사의 어떤 목표도 달성해 낼 수 있다는 자신감에 충만해 있었다. 소위 잘나가던 때였다. 그 시절 일에 대한 열정이 넘쳐 명함 뒷면에 "당신은 지금 20년 뒤 사장과 인연을 맺었습니다"라고 새기고 다녔는데, 지금 돌이켜보면 참 멋쩍고 쑥스럽다. 당시는 나의 그런 모습도 긍정적인 평판으로 이어지고 '회사관과 직업관이 투철한 사례'로 회자되었다.

눈치 빠른 독자들께선 이미 간파하였겠지만 그런 호시절은 그리 오래가지 못했다. 호시절이 오래 지속되었다면 그리 빨리 천안삼거리공원을 찾을 일도 없었을 테니까….

1997년 11월 낯선 단어가 온 매스컴을 뒤덮었다. IMF…. 그 상황이 처음엔 그리 크게 실감 나지 않았다. 그러나 IMF의 거센 파도는 얼마 가지 않아 세상을 완전히 뒤집어 놓았다. 사람마다 받아들이는 정도가 다르겠지만 나는 감히 그렇게 말하는 데 주저함이 없다.

2000년에 다니던 회사의 사주가 바뀌었다. 냉정하게 표현하면 회사가 망한 것이다. 회사 생활은 점점 더 힘들고, 보람도 잃고 꿈도 버려야 했다. 자연스레 천안삼거리공원을 찾는 일도 더 잦아졌다. 삼거리공원을 거닐거나 연못의 나무

그림자를 보며 멍때리고 있다 보면 어느새 친구 하나가 곁에 와서 다정하게 달래주기도 하고, 짓궂게 장난질을 치기도 했다. 그 친구는 도깨비로 불리는 내 오랜 벗이다. 도깨비는 내 별명이 되어 나와 희로애락을 같이 한 지 참 오래됐다. 지금은 계룡시가 된 신도안 촌놈의 어린 날은 도깨비짓의 연속이었고, 군 복무 시절에도 우리 소대는 도깨비소대라는 별칭으로 더 많이 불렸다.

나의 도깨비 소대장 시절(1985)

천안삼거리공원은 참 아름답고 조성 면적도 넓은데다 역사성과 그에 걸맞은 유·무형의 문화유산을 곳곳에서 마주할 수 있어 사시사철 찾는 이들이 많은 편이긴 하다. 하지만 그 명성에 비하면 한산한 편이라고 할 수 있는데, 아마도 공원 주변에 숙박 시설이나 편의 시설이 적기 때문일 것이다. 천안삼거리를 중심으로 도보로 이동할 수 있는 주변에 먹거리, 놀거리 등을 잘 갖춘다면 천안삼거리는 인기 있는 관광명소가 될 가능성이 충분하다고 생각된다. 하루빨리 관광 인프라가 구축돼서 많은 사람들이 천안삼거리공원에서 마음의 안식을 얻고, 삶의 지혜와 활력을 찾았으면 좋겠다.

나는 천안의 평범한 소시민이지만 천안삼거리공원을 명품 관광지로 만들겠다는 꿈이 있다. 천안삼거리공원의 가치를 사람들이 좀 더 향유하기를 바라는 마음에 더하여, 내가 2011년 퇴직 후 새로운 사명감으로 연구활동 중인 전래놀이가 천안삼거리 이미지와 잘 어울리고 공동체 정신 구현에 으뜸이므로 다각적인 노력을 하고 있다. 천안삼거리공원의 전통놀이 상설마당에서 신나게 노는 사람들을 보고 싶다.

삼남대로의 중심 길목, 천안삼거리

천안삼거리가 우리나라의 교통중심지로 기능한 것은 삼국시대 이전으로 거슬러 올라간다. 『고려사』 언전에 의하면 술사 예방이 태조에게 아뢰기를 '이곳은 삼국의 중심부에 해당하며 오룡쟁주의 형국이며 만약 삼천민호를 정주케 하고 이 땅에서 군사 훈련을 한다면 백제는 싸우지 않고 스스로 항복해 올 것입니다'라는 말을 듣고 태조가 친히 왕자산(王字山)에 올라 쟁주지 형임을 확인한 후에 민호를 옮겨 천안도독부를 설치하였다는 것이다.[1] 여기서 '삼국의 중심'은 교통의 중심으로 해석할 수도 있지만, 다른 한편으로는 삼국 사이의 접경지역에 해당되는 중요한 요충지로 경계선의 중앙에 위치한 곳이라는 해석도 가능하다. 실제로 천안을 둘러싸

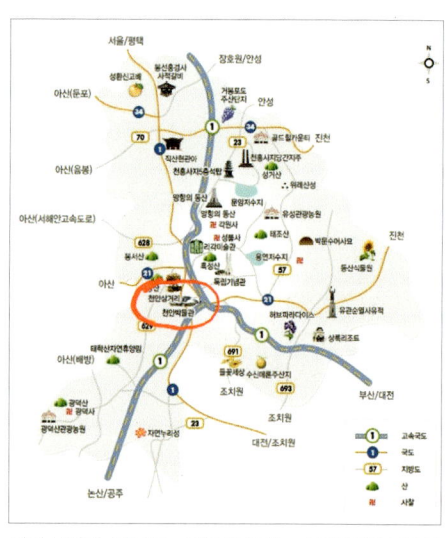

천안삼거리 위치도. 천안삼거리는 사거리(청삼교차로)로 바뀌었지만 아직도 삼거리로 통한다.

고 삼국 간의 쟁탈전이 격렬하게 전개되었기 때문이다.[2] 이와 같은 역사적 배경을 통해 천안이 후삼국 통일의 결정적 요충지였음을 확인할 수 있고, 천안삼거리는 삼국의 접경지역으로 교차되는 관문이었음을 쉽게 짐작할 수 있다.

천안삼거리에는 천안삼거리공원 외에 공원이 하나 더 있다. 천안삼거리공원에서 1번국도인 천안대로를 사이에 두고 맞은편에 천안삼거리초등학교가 있는데, 바로 그 옆에 '마틴공원'이 있다. 마틴공원은 한국전쟁 때 천안삼거리에서 치열한 전투를 벌이다 산화한 미군 장병들을 추모하고 기억하기 위해 조성된 공원이다.

1950년 7월 8일 미 육군 제24사단 제34연대는 북한군의 남진을 저지하기 위해 천안삼거리와 목천 방향 도리티 고개에 방어선을 구축하고 치열한 전투를 벌였으나 연대장 로버트 R. 마틴 대령과 부대원 129명이 전사하는 참패를 당하였다.[3]

전쟁 초기 급파되어 전열을 정비할 시간이 부족했던 점을 감안하더라도 미군의 전투력으로 볼 때 흔치 않은 전사자를 냈으며 연대장급의 고위급 장교가 전사하는 경우도 아주 드문 일이다.

천안삼거리전투 추모비(마틴공원)

천안삼거리 전투가 그만큼 치열했다는 반증이다. 오늘을 사는 우리는 자유를 수호하기 위해 목숨을 바친 국군과 연합군의 고귀한 희생을 잊지 않음은 물론, 자유의 가치를 드높여 순국 영령들을 위로하고 그 숭고한 넋 앞에서 부끄럽지 않도록 살아야겠다. 천안에서는 매년 7월 8일 마틴대령과 전몰장병의 넋을 기리고자 추모사업을 전개하고 있으며 마틴부대의 격전지였던 도리티고개 구간을 '마틴의 거리', '마틴 사거리', '마틴의 다리'로 명명하여 이곳이 치열한 전쟁터였음을 상기시킴으로써 평화의 소중함을 강조하고 있다.

이처럼 천안삼거리는 목숨을 건 전쟁터가 되기도 했고 평화시에는 서울과 삼남의 연결 통로로써 수많은 행인들의 교류가 활발했으므로 물류뿐만 아니라 문화의 교류가 역동적이었기에 많은 문화유산들을 찾아볼 수 있다.

문화유산의 삼각주, 천안삼거리

천안삼거리와 연상되어 먼저 떠오르는 것은 사람마다 다르겠지만 많은 사람들이 '능수버들'과 '흥타령민요'를 꼽을 것 같다. 능소전설을 기억하는 사람도 많을 것이다. 이 세 가지는 한 묶음이라고도 할 수 있는데 이 이야기는 뒤로 넘기고 여기서는 천안삼거리를 이해하는 데 바탕이 되는 문화적 결정(結晶)[4] 중 조금은 덜 알려져 있는 몇 가지를 소개하고자 한다.

시(詩)가 된 천안삼거리

먼저 천안삼거리에 관한 시 40편이 수록된 김다원 시인의 시집에서 「꿈꾸는 삼거리」라는 시 한 편[5]을 꺼내들어 본다.

꿈꾸는 삼거리

김다원

천안삼거리엔
사랑을 꿈꾸는
능수버들만 있는 게 아냐

눈 감고 두 팔 벌려 안고 싶은
든든한 남자
상수리나무도 있고

연못에게 자잘스런 이야기를 들려주는
할아버지
느티나무도 있어

잡힐 듯 흔들리는 수양 벚나무는
검정 열매 입에 잔뜩 묻혀 놓고
보랏빛 웃음으로 어린 날 동생을 데려와

참새들 버들잎 구르며 그네 뛰는 연못가엔
옥양목 하얀 잎 잘라 머리 끝에 붙이고
언년이 같이 히히대는 산딸나무도 있어

아가가 헛발질로 오색 공을 차면
함박웃음이 대신 굴러가는 잔디밭

양팔 벌려 빙글빙글 돌아 봐
삼거리 공원엔 행복도 같이 돌아

시인은 시집의 서문에서 "천안은 내가 10대부터 산 고향이다. 성인이 되어 30여 년 동안 중학교 교사로 근무하면서 천안삼거리는 내 마음의 쉼터가 되었다. 어느 날 문득, 내가 사랑하는 천안삼거리에 대하여 무엇인가 남기고 싶었다. 아니, 내가 아니어도 누군가가 해야 할 일이라고 생각되었다. 그것이 지역사회의 한 사람으로 시를 쓰는 내가 할 수 있는 일이라고 생각되어 외람되게 이 시집을 내게 되었다"고 밝히고 있다. 다시 한 번 시를 읽어본다. 천안삼거리공원엔 꿈꾸는 사랑과 행복이 굴러간다.

소설과 춤, 노래에 숨은 천안삼거리의 흥(興)

천안삼거리는 사람들의 가슴에 문화적 동인(動因)을 제공하는 매력이 있다. 김다원 시인이 시집을 내기 훨씬 전에 『천안삼거리』라는 짧은 소설도 출간되었다. 1952년에 삼중당에서 발간한 『조선신소설총서 5권』에 실려있는데 아쉽게도 지은이를 알 수 없다. 이 소설 첫머리에 흥타령 민요 한 소절을 소개하며 "이 노래가 생긴 지는 한 이백년 가량 되고, 또 이 노래가 생긴 데 대하여는 다음과 같은 재미있는 내력이 있다"고 시작하고 있다. 소설의 내용을 간략히 요약하면 다음과 같다.

> 경상도 안동에 김씨 성을 가진 양반이 있었다. 일찍 세상을 떠난 형의 일곱 살 아들(갑성이)을 거두어 자신의 여섯 살 아들(을성이)과 함께 키웠고, 두 아이는 우애가 돈독했다. 그런데 혼사를 앞두고 형제에게 난처한 상황이 벌어지고, 이 사이에 본의 아니게 한 전라도 청년까지 휘말리고 만다. 결국 착한 심성과 선한 의지에 따른 기지를 발휘하여 모두 행복한 결말을 맺는다. 소설은 천안삼거리를 중심으로 경상도와 전라도를 연결하며 이야기가 전개된다. 아름다운 인연을 맺어준 삼거리의 갈라지는 길목에 그들은 버드나무 한 그루씩을 심었고, 이때부터 천안삼거리 흥타령 민요가 생겼다.

작가는 능소전설을 바탕으로 재미있는 상상력을 입혀 위 소설을 창작한 것으로 보인다. 이처럼 천안삼거리의 지리적 환경은 실제로 다양한 삶의 애환이 서려있기에 사람들에게 무한한 상상력의 모티프를 제공하고 있다. 천안삼거리를 중심으로 서울과 충청, 경상, 전라도를 잇는 인연의 스토리를 해피엔딩으로 맺는 것은 천안삼거리를 소재로 한 문학 작품의 특징 중 하나다.

김경수의 논문『조선시대의 천안과 천안삼거리』를 한 번 더 인용하면 "(천안)삼거리의 문화는 서민문화이며, 가식 없는 원색의 문화였다. 이곳에 찾아드는 양반들은 형식과 예절의 속박에서 벗어나 소박한 서민문화에 젖어 인간의 원색적 낙을 누렸다. 양반과 상민이 어울려 즐기는 장소로써 평등의 문화가 형성되었던 것이다. 즉, 인류(人流)와 물류(物流)는 물론, 문류(文流)가 소통되는 역동적인 문화공간이었던 것이다" 라고 하였고 이어서 "흥겨운 가락을 만들어 흥을 돋우기도 하였다. 그 가락 중에서 대표적인 것 중의 하나가 천안삼거리의 '흥타령'이다. 가락이 흥겨운 것처럼 천안삼거리 전설도 행복으로 끝을 마치는 밝은 설화가 중심이다. 그중 하나가 능소와 박현수 선비와 관련된 것으로 고난에서 시작하여 활짝 웃는 것으로 끝을 맺는 내용이다. 무엇보다 천안과 천안삼거리의 풍경을 가장 잘 대변하는 것 중의 하나라고 할 수 있다. 민중의 아픔과 설움을 응어리나 앙금으로 남기지 않고 흥(興)으로 승화시켰다는 점에서 민중의 멋과 슬기, 천안삼거리의 의미와 가치를 더욱 빛낸다고 할 수 있다"[6] 라고 천안삼거리의 문화적 특징을 설명하고 있다.

천안 흥타령춤축제는 천안삼거리의 문화적 특징을 농축하여 녹여낸 축제라 할 수 있겠다. 최선희는 그의 논문에서 "천안흥타령춤축제는 천안삼거리의 옛 고유정서를 담아내고자 하는 특성화된 축제로, 축제의 슬로건은 '춤으로! 흥으로! 천안으로!', 축제의 주제는 '다함께 흥겨운 춤을(Let's Dance in Cheonan)!'이다. 천안삼거리에 전해 내려오는 능소와 박현수의 설화를 바탕으로 천안의 흥타령 민요를 현대적 감각에 맞게 접목시켰다. 세계 각국의 민속춤 등 다양한 춤과 음악이 함께 어우러진 춤축제로 신명, 감동, 화합의 한마당 축제의 장을 만

2019 천안흥타령춤축제 포스터

들어 내겠다고 표방하는 축제이다"[7] 라고 기술하고 있다. 이처럼 천안(삼거리)의 문화적 특징을 한 글자로 압축하여 표현하면 '흥(興)'이 된다.

그렇다고 천안삼거리를 배경으로 한 문학 작품이 천편일률적인 것만은 아니다. 수십 년째 우리 국민의 사랑을 받고 있는 노래가 있는데 바로 '하숙생'이다.

'하숙생'은 최희준을 1966년 최고 인기가수로 만들어 준 노래다. 발표이래 꾸준한 사랑을 받아왔고 많은 가수들이 리메이크해서 불렀다. 이 노래가사의 탄생 배경이 천안삼거리임을 아는 이들은 그리 많지 않은 것 같다. 역시 길이 모티프이지만 좀 더 심오한 의미가 배어 있다. 이 노래는 흥의 차원을 넘어 인생

하숙생
가사 김석야·노래 최희준[8]

인생은 나그네 길
어디서 왔다가 어디로 가는가
구름이 흘러가듯 떠돌다 가는 길에
정일랑 두지말자 미련일랑 두지말자
인생은 나그네 길
구름이 흘러가듯 정처없이 흘러서간다

인생은 벌거숭이
빈손으로 왔다가 빈손으로 가는가
강물이 흘러가듯 여울져 가는 길에
정일랑 두지말자 미련일랑 두지말자
인생은 벌거숭이
강물이 흘러가듯 소리없이 흘러서 간다

의 달관자로서 희로애락을 초월한 깊은 여운이 있다. 행운유수(行雲流水)하는 나그네의 뒷모습은 쓸쓸함이 아니라 세상의 이치를 다 깨달은 경륜과 높은 품격이 묻어나는 여유가 느껴진다. 이 세상의 길을 다 돌아서 한 줌 미련 없이 다음 세상으로 가는 나그네! 노래 가사를 지은 이도, 노래를 부른 이도 이 세상을 떠나신 지 오래됐다.

하숙생 노래비

천안삼거리공원을 돌다 보면 하숙생 노래비가 나그네들의 발길을 붙잡는다. '나는 어디에서 와서 어디로 가고 있는가?' 잠시 생각에 잠기며 걷던 발길은 아름다운 누각을 마주한다.

세월도 들러가는 천안삼거리

천안삼거리공원의 아담한 연못 위에 범상치 않은 누각은 「영남루(永南樓)」이다. 영남루는 조선 시대 임금들이 행차 시 묵었던 화축관의 문루이다. 일제강점기 때 화축관은 경찰서 숙소, 헌병대 사무실로 사용되었는데 광복 후 학교 관사로 활용되다가 헐리고 문루만 남은 것을 공원으로 옮겼다. 화축관이 헐린 것이 광복 후라서 더 가슴 아프다. 화축관을 허물어야 할 피치 못할 사정이 있었을까? 광복 후에도 일제 식민사관에 함몰된 사람들이 우리 문화유산을 함부로 대한 건 아닐까? 생각하면 가슴이 아리다. 영남루만이라도 용케 살아남아서 역사

천안삼거리공원 안의 영남루의 뒷모습

를 비춰 주니 그나마 다행이라 할까? 조선 임금들의 행차 시 맨 먼저 맞이하며 당당한 위용을 자랑했을 문루는 400여 년의 역사를 힘겹게 지켜낸 것처럼 지금은 쓸쓸히 홀로 남아 들려가는 세월을 맞이하는 것 같다. 영남루는 충청남도 문화재자료 제12호로 등록되어 있는데, 문화재로써도 제격에 어울리는 대접을 못 받는 것 같아 안타까운 마음이 든다. 왠지 누각의 기둥이 더 힘겨워 보인다.

　영남루를 뒤로 하고 연못의 둘레길을 돌아 아이들 웃음소리를 따라가니, 여러 가지 조형물 앞에서 사진을 찍는 사람들과 함께 조그만 석탑이 눈에 들어온다. '유령왕사탑'이다. 이 탑은 1961년 안서동에 사는 주민이 밭을 갈다가 고려 태조가 머물렀다는 왕자산(王字山) 유려왕사(留麗王寺) 터에서 발견하였다 하여 붙여진 이름이다. 1985년 독립로(국도 21호) 확포장 공사 때 삼거리 공원으로 옮겨져서 공식적으로는 '삼룡동 삼층석탑'으로 불린다.[9]

고려시대 탑으로 2층 기단 위에 3층의 탑신을 세웠는데 탑신의 2층 몸돌 이상은 후대에 새로 만들어 올렸으며 그나마 상륜부는 없고 파손이 심하여 문화재적 가치가 많이 훼손되었다. 후대에 올린 탑신의 조

유려왕사탑(삼룡동 삼층석탑)

형미가 떨어지고 엉성해 보이는데 그래서 좀 안쓰러운 마음에 자꾸 눈길이 간다. 한참을 보고 있으면 투박하고 당당한 고려인들의 모습이 그려진다. 아래층 기단부에 안상이 새겨져 있고 기단부의 크기로 볼 때 원래의 모습이 보존되었더라면 꽤 아름다운 탑이었을 것이다. 충청남도 문화재자료 제11호로 지정되어 오늘을 사는 우리들에게 문화유산 보존의 소중한 가치를 일깨우고 있다.

이 외에도 삼거리공원 안의 연못 위에 가로놓인 현소각과 현소각에서 바라보는 오룡쟁주상, 흥타령 비와 삼거리상징 조형탑 및 2013년 국제웰빙식품엑스포를 기념해 조성한 조경공원은 천안삼거리공원의 또다른 명물이다. 흥타령관과 천안박물관은 천안의 역사문화인물에 대한 전시를 수시로 하며 천안삼거리공원을 찾는 이들에게 색다른 힐링의 기회를 선물한다. 이 외에도 공원 일대에 볼거리와 포토존이 많으므로 시간을 넉넉히 잡고 구경하길 권한다. 천안삼거리

공원에 옛날에 있었다는 주막 삼기원(三歧院)이 복원되어 오가는 길손들에게 천안의 구수한 맛과 향(香)과 정(情)이 넘치는 편안한 쉼터를 제공하면 좋겠다.

천안삼거리공원을 한바퀴 돌고나니 배도 출출하여 삼거리 주막집이라도 가려는데 발뒤꿈치를 자꾸 붙잡는 게 있다. 연못 옆 풀숲에 외롭게 앉아 있는 깨진 귀부(龜趺)이다. 여기저기 알아봤으나 아직 그 내력을 가늠하지 못하겠다. 귀부의 크기로 봐서는 제법 큰 비석이었을 텐데 어쩌다 비신(碑身)은 없어지고 여기 따로 남아 있는지 모르겠다. 귀부의 머리도 다른 비석들보다 좀 단순하고 투박한 데다 세월의 풍파에 코밑 윗입술 언저리도 뭉개져 있다.

나는 천안삼거리 공원에 올 때마다 이 귀부 앞에서 저절로 발길이 멈춰진다. 그러면 우직하게 생긴 거북이가 내게 말을 건넨다. '너 참 도깨비지? 내가 누군지 맞춰 볼래?'---'그래, 너도 처음엔 폼깨나 잡았겠다. 어느 역사의 모퉁이에서 짝꿍을 놓쳤는지 모르지만, 천안삼거리공원은 세월도 들러갈테니 함께 기다려 보자꾸나.'--- 도깨비한테 홀린 건가?

꼬리 잘린 귀부

능소전설은 실제 이야기일까?

천안삼거리를 배경으로 전해져 내려오는 능소전 이야기는 내용이 조금씩 다른 것도 있고 사뭇 다른 것도 발견된다. 구비 전승되다 보니 약간씩 다른 것은 어쩌면 당연한 것일 수 있는데, 천안삼거리공원과 천안박물관 등에 소개된 능소전도 조금씩 다르다.

인터넷을 검색해보면 천안삼거리 여행 후기로 올린 능소 전설이 서로 다른 경우를 많이 발견할 수 있는데 무엇을 보고 인용했느냐에 따라 다를 수 밖에 없을 것이다, 혹시 전체를 비교해서 본 사람은 각각의 전설을 혼합하여 개작하거나 재창작의 욕심을 부렸을 수도 있었겠다. 아무튼 이런저런 이유로 능소전설은 오늘도 계속 진화하고 있는데 이미 과거에도 다양한 내용으로 구성되어 전해져 왔음을 알 수 있다.[10]

능소전 줄거리

조선조 경상도 함양의 유몽서는 어명을 받고 전쟁터로 가는 중 어린 딸 능소를 데리고 갈 수가 없었다. 천안삼거리에 이르러 들고 있던 버들지팡이를 땅에 꽂으며 지팡이에 순이 나고 무성히 자랄 때 쯤 돌아오겠노라 약속하고 헤어졌다. 능소는 주막집의 일을 거들며 아름다운 여인으로 자랐고, 과거길에 오른 전라도 고부의 박현수와 혼약을 맺지만 기약 없는 이별을 한다. 능소는 정성들여 버드나무를 키우며 아버지와 연인을 기다리고 각고의 노력 끝에 장원급제한 박현수와 변방의 아버지도 무사 귀환, 극적으로 상봉한다. 이후 잔치를 열고 모두가 노래를 부르니 천안삼거리 흥타령 민요의 기원이 되었다.

능소전설은 이야기 내용과 전개가 서로 다른 부분이 많아 혼동스럽기도 하지만 구비 전설의 특성상 이해를 못할 바는 아니며 오히려 그런 이유로 이야기가 더욱 풍부해지고 재창작의 동력을 제공한다고도 볼 수 있다. 또한 「천안삼거리」와 「능소전」과 「천안 흥타령」이 혼용되고 아예 같은 의미로 사용되는 경우도 발견할 수 있다. 그만큼 천안삼거리는 교통 개념의 길로만 인식되지 않고 정신적, 문화적 의미와 가치가 내재된 개념으로 사람들의 정서에 녹아있다 할 것이다.

이렇게 다양하게 뻗어나간 「천안삼거리 능소전」의 한 뿌리가 춘향전에 영향을 주지 않았을까? 시대적 배경과 이야기의 구성, 천안삼거리의 교통, 문화적 기능으로 볼 때 그 가능성을 아주 배제할 수만은 없을 것 같다.

좀 더 엉뚱한 생각도 해 본다. 능소전설은 지어낸 이야기가 아니고 오히려 실제 이야기가 전설로 둔갑한 건 아닐까? 수많은 사람들이 만나고 헤어지며 다양한 사연을 간직한 천안삼거리의 특성을 고려하면 소설보다 더 드라마틱한 러브스토리가 충분히 있었을 것 같다. 천안삼거리 설화 중에는 주인공으로 어사 박문수가 등장하는 것도 있는데,[11] 실제 인물이 한양길, 또는 암행어사 중책을 띠고 순행 길을 떠날 때 삼기원 주막에 들러 잠시 쉬었을 가능성은 꽤 높다.

당대 최고의 멋진 남자를 여인들은 과연 목석 대하듯 했을까? 명문 가문의 범상치 않은 탄생 설화[12]에 소문난 상남자가 슬하에 자녀도 없다면 여인들의 관심을 받을만 했을 것이다. 전설의 박현수는 실제 인물 박문수의 숨은 이야기를 슬쩍 바꿔치기한 것일지도 모른다.

휘휘 늘어진 버드나무는 진실을 알고 있겠지만 구태여 그걸 묻는 대신 버들잎 한 줌 훑어서 연못에 뿌리면 물그림자에 비친 숱한 도깨비들 앞다퉈 달려 나와 사랑타령에 흥이 난다. '얘들아, 술래잡기나 하자. 내가 이기면 능소아가씨를 데려와 주렴! 능소아가씨랑 쌍그네를 타고 싶구나!'

그네터의 억새풀들이 마중 나온다.
삼남의 도깨비들이 죄다 모여 굿판을 벌이는 듯
사그락사그락 억새 바람 불고 높이 오른 능소의 치맛자락은
하얀구름과 짝을 이뤄 운무(雲舞)를 춘다.
에루화 좋다, 얼씨구나 좋구나!
도깨비도 흥겨운 천안삼거리에 흥타령민요가 구성지다.

높이 오른 그네 위에서 바람에 날리는 치맛자락이 운무처럼 보이는 듯도 하다.

천안삼거리공원 내맘대로 포토존

흥타령비

오룡쟁주 상

천안삼거리 출입문 서문

현소각 전경

천안원삼거리주막

김시민 장군 기념 조형물

1) 김경수. 2009. 「조선시대의 천안과 천안삼거리」 中央史論 29집. 41~42쪽.

2) 상게서. 41쪽.

3) 디지털천안문화대전(http://cheonan.grandculture.net) 로버트 R. 마틴 및 7.8전투.

4) 천안삼거리를 소재로 한 시와 소설, 민요, 노래, 영화 등 다양한 작품들이 있다(디지털천안문화대전).

5) 김다원. 2009. 「천안삼거리」 지구문학. 28-29쪽.

6) 김경수. 2009. 「조선시대의 천안과 천안삼거리」 中央史論 29집. 75쪽.

7) 최선희. 2017. 「천안흥타령춤축제의 '흥' 연구」 공주대학교 문화유산대학원. 46쪽.

8) 김석야 - 1929년 천안 출생 2000년 사망. 최희준 - 1936년 서울 출생 2018년 사망.

9) 왕자산에는 마점사라는 절도 있었다. 그래서 마점사탑이라 부르기도 한다.

10) 디지털천안문화대전(http://cheonan.grandculture.net) 「천안 삼거리」 설화 참조

11) 상게서 예시3.

12) 박문수(文秀) 이름과 관련하여 문수보살(文殊菩薩) 공양 설화가 전해지고 있다.

오이석 www.facebook.com/yeeseok.oh

전래놀이 마을교사로 아이들과 함께 놀 때 참 행복하다. 나 역시 어린 시절. 해가 지는 깃도 아랑곳 않고 어머니가 저녁 먹으라고 부르실 때까지 놀았다. 이랬던 나를 지금의 아이들은 '도깨비 선생님' 이라 부른다. 아이들과 좀 더 잘 놀고 싶어서 공부를 더 하기로 마음 먹고 대학원에 진학했다. 아이들에게 전래놀이를 제대로 전해주며 천안삼거리공원에서 신명나게 놀고 싶다.

나의 아이돌, 서산마애삼존불

학창 시절, 그 흔한 선생님 짝사랑 한 번 안 해 보고 연예인은 안중에도 없었다. 어차피 이루어지지 못할 사랑인 걸 아는 나이 아닌가. 가수나 배우에 빠져 있는 친구들이 도통 이해되지 않던 난, 여가 시간 대부분을 책을 읽으며 보냈다. 가끔 주말이면 아버지는 그런 나를 산으로 끌고 가셨다. 끌고 갔다는 표현이 좀 과한 것도 같지만, 지금 생각해도 등산과 여고생은 그리 어울리지 않는 조합이다.

여름에서 가을로 넘어가던 계절, 그 날도 아버지는 아침 일찍부터 나와 남동생을 차에 태웠다. 서산에 있는 어느 산에 간다고 하셨다. 입을 삐죽대며 차창 밖만 바라보다 색색이 물 드는 풍경에 스르르 마음이 녹아내리기 시작했다. 대전에서 서산까지, 당시는 거의 두 시간 거리였다. 긴 시간만큼 계절 풍경에 말랑해진 사춘기 소녀는 뭐든 받아들일 만큼 너그러워졌다. 그리고 마주한 것이 서산마애삼존불이었다.

깎아진 듯 아슬아슬한 벼랑에 선 불상, 그리고 그 표정. 터질 듯한 볼에 뭔가 개구진 미소는 내가 알던 부처의 모습이 아니었다. 무엇보다 이런 산중 계곡에 이토록 정교한 조각이 있다는 사실도 그저 놀라울 따름이었다.

'와~(정적 적어도 30초)'

별 다른 말없이 탄성만 뱉고 선 나에게, 그는 말을 걸어왔다.

'왜 이제야 왔을꼬. 내 소문 그동안 못 들었나보지. 그래, 너 고민이 무엇이냐. 딱 보니 허세 꽉 찬 삐딱한 고삐리 같은데, 엄마 말 드럽게 안 듣게 생겼구나!'

'뭐야, 독심술해? 근데 뭔가 낯이 익은 얼굴인데!'

그 뒤로 한참을 그곳에 서서 동생과 아옹다옹했다. 어릴 때 우량아선발대회에 나가 분유 모델을 할 뻔한 동생이 참으로 저 불상과 닮았다고. 저 옆에 서서 너

우량아 선발대회 출신의 분유 모델과 오묘하게 닮은 서산마애삼존불

도 한 번 똑같이 웃어보라고 깔깔대던 순간이 스치운다.

그렇게 서산마애삼존불과의 첫 만남 이후, 나는 가끔 아버지를 졸라 서산에 갔다. 다행히 근처에 아버지가 좋아하는 어죽집이 있어 늘 마다하지 않으셨다. 다른 계절, 다른 시간에 찾는 마애삼존불은 볼 때마다 느낌이 달랐다. 하지만 달라지는 내 앞에 그는 언제나 그대로였다. 난 그 앞에서 시절의 걱정과 시름을 내려놓고, 평화를 얻어 돌아왔다. 오! 그곳은 나의 노스탤지어.

마애삼존불에 대한 동경은 약간의 상사병처럼 번져, 성인이 되어서도 그 끈이 이어졌다. 맛있는 걸 나눠먹고 싶은 사람이 생기면 어김없이 그곳으로 데리고 갔다. 열성적인 교회 전도사처럼 '이 불상이 왜 백제의 미소가 되었는지', '그런데 왜 나만 보고 미소 짓는 것 같은 느낌인지' 등등을 열심히 설명하며 어죽을 먹고 돌아오곤 했다.

국보

어쩌면 가장 인간적인 불상
서산 용현리 마애여래삼존상

시대 : 백제후기(서기 600년 경으로 추정)

크기 : 본존불 280cm, 미륵보살 166cm, 제화갈라 170cm

소재지 : 충남 서산시 운산면 마애삼존불길 65-13

문의 : 마애삼존상 관리사무소 041-660-2538

"저 인바위에 가믄 환하게 웃는 산신령님이 한 분있는디유. 양옆에 본마누라와 작은마누라도 있지유. 근데 작은마누라가 의자에 다리를 꼬고 앉아서 손가락으로 볼따구를찌르고 슬슬 웃으면서 용용 죽겠지하고 놀리니까 본마누라가 장돌을 쥐어박을라고 벼르고 있구만유."

1959년 서산 용현리 마애여래삼존상 발견 당시, 국립부여박물관장 홍사준 박사가 현장조사 중 만난 나무꾼에게 들은 이야기로 전해진다. 그렇게 마을 사람들만 몇몇이 알던 삼존상이 세상에 공개된 후, 우리나라에서 발견된 마애불 중 가장 뛰어난 백제의 작품으로 지금껏 인정받고 있다. 얼굴 가득 자애로운 미소를 띤 마애불은 '백제의 미소'라는 별칭을 얻으며 더욱 유명해졌다.

가운데는 석가여래 입상, 오른쪽에는 제화갈라보살 입상, 왼쪽에는 가부좌를 틀고 있는 미륵반가사유상의 특이한 배치이다. 약간 앞으로 숙인 형태로 조각되어 비바람이 정면으로 들이치지 않기 때문에 훼손이 심하지 않았다고 본다. 빛의 각도에 따라 오묘하게 변하는 표정, 얼굴 가득 띤 자애로운 미소가 백제 장인들의 창의성과 석공 기술의 면모를 알 수 있게 한다.

20대 시절부터는 혼자 뚜벅이로 마애삼존불을 보러 갈 수 있었다. 서산버스터미널에 내리면 삼존불 바로 앞까지 데려다 주는 버스 덕분이다. 지금은 더 깊이 위치한 보원사지 절터와 용현자연휴양림 덕분에 버스가 더 많아지고 주변 상점이나 식당도 제법 생겼다. 서산시에서도 서산9경 중 2경으로 이곳을 소개하며 지역 명소로 한껏 띄우는 모양새다. 최근에는 갈 때마다 도랑 공사에 분주한 포크레인들을 마주하고 있으니 말이다.

덕후과제 첫 번째, 사생활 파헤치기

서산마애삼존불이 자리한 충남 서산시 용현리는 이른바 '내포(內浦) 지역'의 중심이다. 이중환의 『택리지』를 보면 "가야산 앞뒤에 있는 예산, 당진, 서산, 홍성 등 10개의 고을을 통틀어 내포라고 부르고 충청도에서 내포가 가장 좋은 곳"이라 적은 글귀가 있다. 한동안 우리에게 잊힌 내포라는 지명은 충남도청이 들어선 신도시 이름으로 다시 생명력을 이어가고 있다. 이제 내포는 백제 시대 융성했던 기억을 다시 찾으려는 듯 보인다.

내포는 이름에서 뜻하는 바와 같이, 바닷물이 육지 안쪽으로 들어와 내륙 깊은 곳까지 바닷길로 다닐 수 있는 땅을 말한다. 서해 바다가 천이 되어 태안과 당진, 서산을 거쳐 예산까지 이어진다. 삽교천으로 들어오는 긴 물줄기는 지금의 내포신도시, 홍성까지 닿아 있다. 백제 시대, 이 바닷길을 통해 우리는 중국의 문화를 받아들였고, 그 대표적인 것이 바로 '불교'이다.

충남도역사문화연구원이 펴낸 『내포의 역사와 문화』를 보면 '서산·태안 지역으로 유입된 중국의 문화가 가야산 줄기를 경유해 예산을 지나 공주·부여로 이르는 길은 문화 이동로이자 첩경이었다'고 한다. 육로로는 고구려에 막혀 중국과의 소통이 힘들었던 백제는 해로를 선택했고, 가장 짧은 거리가 바로 내포였던 것이다.

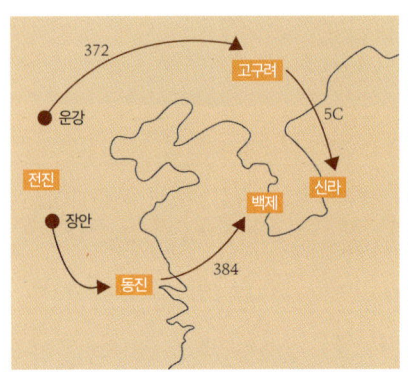
불교 유입 이동 경로 (참고 : 예산보부상박물관)

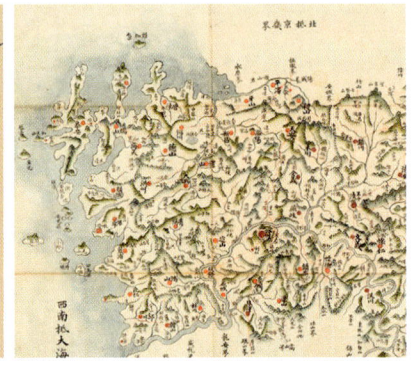
내포를 포함한 충청도 지역의 옛 지도

그렇다면 백제 시대 불교의 모습은 어떠했을까? 중국의 기록인 『주서』를 보면 '사찰과 탑이 많다'고 기록될 정도로 불교가 성행했다고 알려져 있다. 최초의 전래자로 불리는 중국으로부터 온 마라난타가 침류왕 1년(384년) 불교를 전했고, 385년에는 한산에 사찰을 창건해 승려를 두었다고 전한다. 이들은 모두 삼국사기와 삼국유사에 기록된 내용이다. 백제는 왕권 강화와 사상의 통일을 이루기 위해 적극적으로 불교를 수용하였고, 우리는 그 증거의 하나로 서산 마애삼존불을 마주하게 될 것이다.

서산마애삼존불, 누가 왜 여기에 새겼을까? 제작자에 대한 다양한 추론들이 있지만, 많은 연구자들은 중앙이나 인근의 유력한 귀족에 의해 만들어졌다고 보고 있다. 조각의 솜씨를 봐서는 수도에서 파견되어 온 뛰어난 장인이 아닐까 분석하기도 하는데, 그건 모를 일이다. 요즘도 마찬가지지만, 장인은 은둔고수처럼 지방 곳곳에 숨어있지 않은가.

어쨌든 불교를 받아들인 백제는 당시 가야산 인근에 절도 많이 짓고, 중국의 영향을 받아 이렇게 불상을 바위에 새기기도 하였다. 부여·공주로 이동하는 유일한 통로였던 가야산의 협곡. 백제인들은 가야산 어딘가 부처가 터를 잡고 자신들의 안녕을 기도해주길 원했을 것이다. 절까지 찾아가지 않아도 길목에 친히 나와 나를 맞아주는 부처를 보며 그때 사람들도 지금의 나처럼 마음의 평안을 얻었을 거라 믿는다.

서산마애산존불 발견 당시 사진

그렇다면 우리나라에 있는 2백여 개의 마애불 중 왜 많은 이들이 서산마애삼존불을 최고로 꼽는 것일까? 아마 여러 이유가 있겠지만, 단연코 제일은 가운데 부처인 본존불의 자태와 표정 때문이리라. 당당하게 선 묵직한 체구에 곡선으로 치장한 옷, 쾌활하며 익살스런 미소를 담은 인자한 얼굴이 자꾸 시선을 끌어당긴다. 다른 곳에서 보아 온 부처님의 근엄한 표정과는 사뭇 다르다. 왜 백제 사람들은 이런 표정의 불상을 만들게 된 걸까?

불상은 인도에서 최초로 제작되어 중국을 거쳐 우리나라로 들어왔다고 알려져 있다. 그렇다면 타국에도 서산마애삼존불과 비슷한 불상이 있지 않을까? 그런 의문으로 찾아 본 인도 최초의 불상은 사실 충격적이었다. 평소 가지고 있던 불상의 이미지와는 너무도 다른, 마치 그리스 신상 중 하나라고 해도 믿을 정도의 생김새를 갖고 있었다.

그리스인들은 신의 존재를 이상적인 인간의 모습으로 담아 조각 같은 형상으로 표현했다. 유럽의 유명 관광지에서 익히 마주치는 그리스 로마 신화의 신상들이 바로 그것이다. 인도 간다라 지역에 뿌리내린 그리스인들이 불교에 귀의하면서 이들이 석가모니 형상을 신상처럼 조각해낸 것. 그것이 바로 불상의 첫 기원이 되었다고 한다. 이후 실크로드를 따라 인도를 넘어 중국으로, 우리나라

2~3세기 간다라 불상에는 신상을 조각하던 그리스 자연주의 전통이 유입되었다. 5~6세기에 들어서며 불상의 얼굴은 점차 동양인으로 이미지로 바뀐다. (참고 : 백제불교최초도래지 간다라유물관)

로, 이어서 일본까지 이어진 불교의 여정에서 불상은 각 나라가 가진 고유의 문화와 양식으로 물들었다.

중국 운광석굴(5세기 추정)

중국 용문석굴(7세기 추정)

파키스탄 카르가흐
붓다 암각화(7세기 후반 추정)

중국을 거치며 불상은 서양인을 벗어나 동양인으로 변모해 간다. 우리나라에 들어와서는 어땠을까? 불교 전파 이전의 삼국시대에는 토착 신앙이 주류였다. 모든 만물에는 생명이 깃들어있다는 생명 존중 사상은 불상의 구도나 형식에도 자연스럽게 녹아든다. 권위를 벗어나 표정을 가지게 된 것이다. 당시 백제인들이 선망하는 이미지를 불상의 얼굴에 담았을 테니, 가장 자연스럽고 온화한 인간의 모습이라 생각한 얼굴을 그 화강암 바위에 새겨놓은 것이 아닐까.

그렇게 서산마애삼존불은 '백제의 미소', '고졸(古拙)한 미소'라는 별칭까지 얻게 되었다. 요즘 '매력 있는 무언가에 빠져 든다'는 신조어로 '-며들다'를 쓰곤 하는데, '불상에 백며들다'도 괜찮은 표현이겠다.

부여 절터에서 출토된 납석으로 만든 부처 (6세기 중엽 추정)

김제 절터에서 출토된 금동판불(7세기 중엽). 옅은 미소가 보이기도 한다.

역사에 무관심한 사람도, 불교 신자가 아니라도 서산마애삼존불을 본 사람은, 모두 다 그것을 좋아한다. 땅과 자연의 일부, 바위와 한 몸 그대로가 주는 태고의 이미지는 첫 번째로 보는 이의 긴장을 푼다. 지나치게 엄숙하지도 성스럽지도 않고, 때로는 해학적으로 느껴지기도 한 표정이 우리에게 친근하게 다가온다. 실제 '백며든 서산마애삼존불'에 빠진 사람이 적지 않다는 건, 불상 앞에 가면 여실히 드러난다.

　나와 비슷한 이들이 꼭 한 두 명 있는 것이다. 이들은 잠깐 와서 발도장만 찍고, 사진 몇 장 건져 돌아가는 뜨내기와는 달리, 적어도 10분 이상 주변을 배회하다가 삼존불과의 독대의 시간을 노리는 또 다른 팬들이다. 그럼 난 그의 마음을 십분 배려해 최대한 멀찍이 서서 딴 곳에 눈을 두곤 한다. 내가 그렇듯, 삼존불을 온전히 내 것 삼고 싶은 마음이 오죽하겠냐 하면서.

　전세계적인 인기를 끌고 있는 BTS의 팬들은 서로를 응원하며 긍정적인 팬덤을 만들기로 유명하다. 이런 연대의 힘에까지는 못 미치겠지만, 같은 삼존불의 팬으로서 내가 그들에게 할 수 있는 최소한의 배려이다.

덕후과제 두 번째, 방구석 문화유산

　얼마 전 마애불을 보러가는 길, 시원하게 뚫린 내포신도시 대로변에 그동안 못 봤던 새로운 조형물을 발견했다. 어랏, 용현계곡의 그 모습 그대로를 재현해둔 서산마애삼존불 아닌가. 차를 세우고 가까이 들여다보니 제법 흉내만 낸 수준은 아니었다. 급하게 뉴스를 뒤적여 보니 서산시가 내포신도시 테마광장에 2021년 10월 제작 설치한 삼존불상으로 높이 3.3m, 폭 0.9m 크기의 화강암으

서산시가 2021년 10월 시비 1억원을 들여 제작한 서산마애삼존불 조형물. 내포신도시 테마광장에 충남의 다른 시들이 제작한 조형물과 어깨를 나란히 하고 있다.

로 만들었다고 한다. 좋아하는 연예인의 광고용 등신대를 집에 두는 팬들이 많다고 하는데, 우리 집 마당에도 절반 사이즈의 삼존불을 하나 둬 볼까 욕심이 생긴다.

  그 자리에서 담당공무원을 찾아 전화연결을 해 봤지만, 제작비 1억 원이라는 답변에 손발에 힘이 빠졌다. 트롯 가수 임영웅 이름으로 거액의 돈을 기부하는 할머니팬에게 다시 한 번 존경의 마음을 전하며, 이내 분수에 맞는 덕질을 고민해 본다. 내 집에서, 내가 보고 싶을 때, 마애불을 볼 수 있는 방법은 무엇이 있을까? 이때 처음 떠올린 것이 요즘 인기 있는 TV프로그램 '요즘 육아 금쪽같은 내 새끼'의 코끼리 AI다.

  "오늘 금쪽이의 기분은 어때? 금쪽이가 많이 슬펐겠구나"하며 묻고 대답해 주는 코끼리를 보며 '삼존불의 본존불이 나에게 말을 걸어주면 어떨까?' 상상해본다. 침대 맡에 두고 일기장에 쓰듯 두런두런 이야기하다 잠든다면 하루의 피로가 싹 가실 텐데. 바로 3D 제작에 착수했다. 마침 학교 산학협력단에 문화유산 관련 3D프린팅을 하는 벤처회사가 있어 제작을 의뢰했다. 물론 AI 기술까지 탑재할 수는 없지만, 상상 속의 대화 정도는 충분하니까 괜찮다.

3D 마애삼존불의 제작 과정(제작 협조 : 디엠씨테크 www.dmctech.re.kr)

집에서 가장 많은 시간을 보내는 거실에도 아이돌을 늘 볼 수 있는 무언가가 필요하다. 벽에 걸어둔 큰 그림 대신 마애불 사진을 걸어볼까. 소파에서 끼고 사는 쿠션에도 그의 얼굴을 넣어본다. 차 안에도 나의 무사운행을 빌어주는 그가 있어야겠고, 핸드폰 그립톡도 제작이 가능하다. 워낙 아이돌을 위한 굿즈 제작에 일반화되어 원하는 사진을 고르고 주문하는 데 모든 걸 다 해도 30분도 채 안 걸렸다.

일상을 함께 하는 차량용 액세서리와 핸드폰 그립톡. 천주교 신자로서 부처님도 좋아한다. 거실에는 삼존불을 찍은 다양한 날의 표정을 콜라보한 액자를 걸어본다.

요즘 팬들의 덕후질을 따라하다 보니, 새로운 세상이 보였다. 팬덤은 단순한 추종자에서 머무르는 것이 아니라 하나의 플랫폼이었다. 이들은 더 이상 한 명의 팬이 아니라 참여형 소비자, 즉 프로슈머로 인식되고 있다. 그래서 '팬(Fan)'과 '인더스트리(Industry)'를 합친 '팬더스트리'라는 산업이 대중 문화계의 큰 화두로 떠오른 상황이다.

우리가 문화유산을 활용함에 있어 이러한 팬더스트리 플랫폼을 충분히 결합할 수 있지 않을까? 단순히 현장에 가서 방문 도장을 찍는 수준에 그치는 것이 아니라, 방구석에서 문화유산을 즐길 수 있다면 훨씬 더 그 의미가 가깝게 전달될 것이다.

기분이 좋았던 날 찍은 서산마애삼존불의 본존불 사진을 쿠션에 담아 굿즈로 만들었다.

　서핑을 좋아하는 한 친구는 핸드폰에 'WSB캄'이라는 앱을 깔아 전국의 바다를 둘러본다. 고성, 속초, 양양, 제주까지 해변에 설치된 웹 카메라가 생중계하는 파도 상태를 체크하는 것이다. 나도 그 옆에 앉아 한동안 멍하니 파도를 보며 힐링의 시간을 만끽했다. 그래, 서산마애삼존불 주변에도 분명 카메라가 설

실시간으로 볼 수 있는 속초 해변의 파도. 문화유산도 그렇게 볼 수 있지 않을까?

치되어 있을 텐데, 해가 뜨고 질 때까지 시시때때 변하는 그 미소를 내가 보고 싶을 때 볼 수 있다면 얼마나 좋을까. 그 영상을 핸드폰이 아닌 모니터가 있는 디지털 액자로 전송해 감상한다면 더욱 생생할 수 있을 것이다. 삼존불뿐인가. 유명 문화유산의 실시간 모습을 스트리밍하는 서비스가 있다면 벚꽃 만개한 봄 통도사를 보고, 눈 오는 날 정림사지 5층 석탑을 집안에서 즐길 수 있다.

아직은 이런 서비스가 없으니, 삼존불만이라도 가내수공업으로 도전해 본다. 실제 용현계곡을 찾을 때마다 그의 표정은 다르게 느껴져 왔다. 아래에서 올려다보는 시선을 고려해 10도 기울어진 불상은 얼굴로 갈수록 더 높게 새겼다. 처마돌 덕분에 바람과 비를 피할 수 있지만 일조량이 가장 크다는 동동남 30도를 향해 있어 빛이 표정을 풍부하게 만든다. 사람들은 이렇게 날씨와 해가 만든 음영 덕분에 그 표정이 달라진다 하지만, 개인적으로는 그날 삼존불을 마주한 내 감정이 투영되는 것은 아닐까 생각한다. 그래서 그동안 찍어둔 그의 얼굴을 클로즈업해 콜라주에 도전해보기도 했다.

.'아이돌(idol)'이란 단어는 그리스 종교학에서 유래한 말로 원래 의미는 '이미지(image)'였다고 한다. 지금도 종교적으로는 숭배의 대상, 즉 신(god)을 의미하고 일반적으로 신과 같은 인기와 관심을 받는 탁월한 위치에 있는 누군가를 가리키는 말이 되었다. 아이돌이 이미지에서 출발한 단어라는 사실은, 집 안에 삼존불의 흔적을 채우면서 자연스럽게 인정하게 된다. 계속 바라보고 싶은 우상, 닮고 싶은 그 이미지가 결국 아이돌이었다.

그동안 코로나19로 피폐했던 일상 속에서 위로가 더 절실해졌다. 지친 마음을 어루만져 줄 누군가의 따뜻한 말 한 마디. 어떨 땐 문자보다 말 없는 미소 한 모금이 더 큰 힘을 발휘하기도 한다. 서산마애삼존불은 나에게 그런 의미였다. 무려 1,500년 같은 자리에 서서 내가 오길 기다렸던 불상. 이젠 그 얼굴이 그려진 쿠션을 베고, 밥을 먹으며 액자 속 얼굴을 마주하지만 그래도 달력을 보며 진짜 미소를 영접할 날을 고대한다.

'인간은 생각하고, 신은 웃는다'는 이스라엘 속담을, 백제 사람들은 진작 깨닫고 있었음이 분명하다.

이세정 sera0518

집을 주제로 잡지와 단행본 만드는 일을 해 오다 마흔 중반의 나이 귀촌을 단행했다. 출장 겸 여행으로 우리나라 구석구석을 다녀왔지만. 정작 그것이 거기 왜 있는지 연유에 대해 궁금해하지 못했다. 자유의 몸이 되고 더 깊이 있는 앎을 찾아 결국 다시 학생 신분이 되었다. 아직 낯설고 모르는 것 투성이지만. 그래서 조금은 다른 시각으로 문화유산을 볼 수 있지 않을까 스스로를 다독이며 힘을 내는 중이다.

버그내 순례 브이로그

어린아이의 깔깔대는 웃음소리가 바람을 타고 소나무 사이를 가른다. 우거진 소나무 숲을 헤치고 숨이 목구멍 끝까지 차오르도록 내달린다. 흰옷에 풀물이 드는 줄도 모르고, 잔가지에 손등이 긁히는 줄도 모르고 힘차게 발을 구른다. 이십 년 뒤, 내가 뛰어놀던 그 자리에서 나보다 더 개구지게 웃으며 힘차게 뛰노는 아이들을 바라본다. 오래된 기억과 눈앞의 순간에서 시간의 흐름을 무시하는 솔뫼성지를 발견했다. 이곳은 여전히 따뜻하다.

솔뫼는 '소나무가 우거진 언덕'이라 하여 붙여진 이름이다. 실제로 오늘날 솔뫼성지에는 작은 언덕 위에 소나무 숲이 장관을 이룬다. 이 작은 솔숲은 버그내 순례길의 출발점이다.

솔뫼성지 소나무 언덕

버그내 순례길의 출발점

지난여름 솔뫼성지로 견학 온 아이들이 눈을 부릅뜨고 무언가를 열심히 찾고 있었다. 옆에서 가만히 지켜보니 아이들의 입에서 '산'이라는 말이 반복적으로 나왔다. 그렇다. 아이들은 이곳 솔뫼성지에서 산을 찾고 있었다. 앞서 이야기했듯이 솔뫼는 소나무가 우거진 작은 언덕이다. 분명 산은 아니다. 한 아이가 나에게 다가와 물었다.

'솔뫼성지에도 산이 있어요?'

아이들의 선생님이 솔뫼성지에 있는 산을 찾아오라는 숙제를 내주었다고 했다. 나도 궁금했다. 솔뫼성지에 산이 있던가? 나도 눈을 부릅뜨고 아이들과 함께 산을 찾기 시작했다. 한참을 헤매고 있는데 번뜩 눈에 들어온 솔뫼성지 입구. 찾았다! 솔뫼성지 입구에 그토록 찾아 헤맸던 산(山)이 있었다.

한바탕 소란을 피우고 산을 넘어 솔뫼성지에 입성했다. 솔향 가득한 여름바람을 맞으며 걷다보니 제법 풍채 좋은 가옥이 시선을 끈다. 솔뫼에서 나고 자란 김대건 신부의 복원된 생가이다. 지금으로부터 200여 년 전 이곳에서 갓난아이 김대건이 우렁찬 울음소리와 함께 세상 밖으로 나왔을 것이다. 집 마루에 앉아 주변을 둘러보니 마당에 커다란

산(山)을 형상화한 솔뫼성지 입구

벚꽃나무가 서있다. 봄에는 떨어지는 꽃잎을 잡겠다고 뛰어다니는 어린아이 김대건, 여름에는 그늘 밑에 누워 낮잠을 자는 김대건, 가을에는 푹신하게 쌓인 낙엽 위에서 뒹구는 김대건, 겨울에는 앙상한 나뭇가지에 쌓인 눈을 털어내는 김대건을 상상해 본다.

  김대건 신부 생가에 올 때마다 항상 마주치는 사람이 있다. 어찌나 자주 봤는지 말 한마디 나누지 않았는데 얼굴이 눈에 익고 오래 사귄 친구같은 친근함마저 든다. 생가를 찾는 순례객 혹은 관광객은 그 사람과 마주치면 너 나 할 것 없이 반가워하며 함께 사진을 찍고 기도도 한다. 우리는 그를 '프란치스코'라고 부르고 '교황님'이라고 칭한다. 2014년 카톨릭 교회의 수장 프란치스코 교황은 솔뫼성지를 방문했다. 김대건 신부 생가 앞에 앉아 기도하던 그의 모습은 동상으로써 그 자리에서 기억되고 있다.

김대건 신부 복원 생가

다시 발을 움직여 얕은 언덕 위를 올랐다. 1946년 김대건 신부 순교 100주년을 맞이하여 세워진 기념비가 한켠에 자리하고 있다. 김대건 신부는 이곳 솔뫼를 떠나 기나긴 유학 생활 끝에 한국 최초로 사제가 되어 작은 어선에 몸을 싣고 서해 바다를 건너와 다시 조선 땅을 밟았다. 짧은 사목활동 끝에 관군에게 붙잡혀 끝내 한강변에서 순교하였다. 그의 나의 25살 때의 이야기이다. 합덕성당을 전담하던 페랭 신부와 복사 전재익 그리고 합덕 지역의 교우들은 이곳 솔뫼를 기념의 거점으로 정하고 오랜 준비 끝에 '복자 탁덕 안드레아 김대건 신부 순교 백주년 기념비(福者鐸德안드레아金大建之殉敎百週年記念碑)'를 세웠다. 교우들은 김대건 신부를 기억하며 비가 오나, 눈이 오나 잊지 않고 해마다 기념비 앞으로 꾸준히 걸음하였다. 어쩌면 버그내 순례길의 시작은 이때부터가 아니었을까.

김대건 신부 순교 100주년 기념비를 보고 있으니 솔뫼성지까지 오는 길 곳곳에 걸려있던 현수막이 떠올랐다. 올해로 탄생 200주년을 맞이한 김대건 신부를 축하하기 위해 솔뫼성지에서는 이른바 '생일잔치' 준비가 한창이었다. 비단 솔뫼성지뿐 아니라 이 작은 마을 솔뫼에서 태어난 김대건 신부를 축하하기 위해서 전세계가 함께했다. 교황청은 2021년을 김대건 신부 탄생 200주

복자 탁덕 안드레아 김대건 신부 순교 백주년 기념비

년 기념하여 희년을 선포하였고, 유네스코는 2021년을 김대건 신부 기념의 해로 지정하였다. 한 어린아이가 흙밭 위 맨발을 힘차게 구르며 눈앞을 휑하니 지나쳐간다. 아마 많은 사람들의 생일 축하에 신이 난 어린아이 김대건인 것 같다.

합덕의 언덕으로 모이는 이유

 순례길의 두 번째 목적지인 합덕성당으로 가기 위해 가방을 고쳐 매고 걸음을 옮겼다. 합덕성당 인근에서 부지런히 움직이던 발을 잠시 멈추었다. 차오른 숨을 고르다보니 버드나무의 길게 뻗은 잎이 바람에 살랑거리고 있는 방죽이 눈에 띈다. 이 방죽의 이름은 '합덕제'이다.

 합덕제는 후백제의 견훤이 군마에게 물을 먹이기 위해 쌓은 방죽으로 전해진다. 현재는 충청남도 기념물로 지정되어있다. 이곳은 초여름이면 연꽃이 가득 피고 그즈음 매년 연호문화축제가 열린다. 저수지의 대부분은 농지로 개간되었

솔뫼성지 소나무 숲

으며 현재는 제방만 남아있다.

　선선한 바람이 불어오던 날, 그곳을 처음 걸었던 오후가 아직도 생생하다. 살랑이는 버들잎에 홀린 듯 머릿속을 가득 채우고 있던 걱정과 시름이 잎사이로 흩어졌다. 갑자기 주변이 조용해지고 눈에 보이는 모든 것들이 사랑스러워 보였다. 친구들에게 이 길을 자주 추천한다. 특히 버들잎 사이를 사랑하지만 때로는 너무나도 미운 상대와 함께 걸어보길 권한다. 장담하건대 그 순간만큼은 그 사람이 너무나도 사랑스러울 것이다.

　합덕제와 멀지않은 곳, 높은 언덕 위에서 합덕성당이 나를 반긴다. 이곳 역시 문화재(충청남도 기념물)로 지정되어있다. 합덕성당을 등지고 언덕 아래를 내려다보면 마을이 한눈에 훤히 들어온다. 마을을 휘 둘러보고있으니 이곳의 90% 이상이 천주교 신자라던 이야기가 떠오른다.
　솔뫼성지에서 보았던 김대건 신부 순교 100주년 기념비는 합덕성당의 신부

합덕제의 연꽃

였던 페랭 신부가 교우들과 함께 세운 것이다. 난 그 기념비를 버그내 순례길의 시작으로 여긴다. 그럼 버그내 순례길을 만든 사람은 누구일까? 합덕지역의 교우들이라고 생각한다. 합덕리의 마을회관에는 십자가가 걸려있다. 이는 마을의 일이 곧 성당의 일이었다는 것이다. 거꾸로 이야기하면 더 이해하기 쉽다. 성당의 일이 곧 마을의 일이었다. 이렇게 마을 전체가 천주교 신자인 이곳엔 오늘날에도 많은 이들이 아름다움을 쫓아 찾는 붉은벽돌의 성당이 있다.

합덕성당은 충청도 최초의 본당이다. 여러 형태의 모습으로 공동체를 유지해오다 현재 이 자리에 정착하였다. 천주교 신자가 많았던 내포의 중심 역할을 하였으며 여전히 많은 신자들과 함께하고 있다. 이를 방증하는 재미있는 사실 중 하나는, 합덕성당에서 가장 많은 사제와 수도자가 나왔다는 것이다.

합덕성당 정면

1929년에 서양식으로 지어진 이 성당은 많은 언론매체를 통해서도 쉽게 만날 수 있다. 드라마와 영화 속의 배경으로도 자주 노출되며 개인 SNS를 통해서 국내 여행지로도 입소문이 나있다. 또한 사랑하는 이와의 평생을 기약하는 결혼식을 올리기 위해 먼곳에서 이곳 합덕성당까지 오는 이들도 많다. 물론 웨딩 촬영은 더 흔하다. 매년 합덕성당은 아름다운 선율을 자랑하는 종소리

합덕성당 측면

음악 행사와 과거부터 꾸준히 이어오던 성체거동행사와 순례길 걷기 행사 등 종교행사를 진행하고 있다.

  합덕성당 내부에 들어가기 위해서는 신발을 벗어야 한다. 요즘 대부분의 성당들은 신발을 신고 들어가지만 오래전에 지어진 성당중 일부는 신을 벗고 방에 들어가는 우리의 문화가 여전히 남아있다. 선교사들이 이 땅에 들어와 지었던 성당임에도 불구하고 우리의 문화가 곳곳에 담겨있다. 뒤쯤에 앉아 조용히 눈을 감고 조금은 지친 다리를 쉬게 해준다. 자! 쉬었으니 다시 움직여야지!

다블뤼 주교의 러브레터

버그내 순례길에서 가장 좋아하는 길을 꼽으라면 사심을 가득 담아 신리성지로 가는 이 논길을 이야기할 것이다. 개인적으로 내포평야를 가장 가까이에서 느낄 수 있는 곳이라고 여긴다. 드넓은 평야를 양옆에 끼고 삽교천변에서 시작하여 평야를 휘감아 불어오는 바람을 맞으며 걷는 이 길의 끝엔 나의 세 번째 목적지인 신리성지가 있다.

신리성지에는 초가집이 있다. 이곳은 다블뤼 주교가 머물던 곳으로 '당진 신리 다블뤼 주교 유적지'라는 명칭으로 문화재(충청남도 기념물)로 지정되어있다. 신리는 조선 후기 가장 많은 천주교 신자들이 살았던 곳이다. 현재는 간척하여 조성된 평야 한가운데에 성지가 위치하고 있지만 조선시대에는 이곳까지 바닷물이 흘러 들어와 배가 드나들 수 있었다.

신리의 평야

다블뤼 주교는 프랑스 파리외방전교회 선교사로 김대건 신부와 함께 서해바다의 모진 풍랑을 뚫고 조선에 입국하였다. 다블뤼 주교는 조선에서의 생활을 가족들에게 보내는 편지에 세세하게 적었다. 그의 편지에서 오늘날과 비슷한 상황을 쉽게 확인할 수 있었다.

> 어른들이 걸리는 병들 중에 사람들이 가장 겁을 내는 병은, 페스트의 일종인 전염병인데 그 병의 환자들이 매우 흔해서 저도 자주 목격했습니다. 그 병에 걸리면 단 며칠 만에 극도의 상태로 치닫는데 만일 땀을 흘리지 못하면 사망을 피할 수 없습니다. 한 해에 몇 차례 거의 모든 지역에서 그 병이 퍼지는데, 그때마다 대단히 많은 사람이 사망합니다.
>
> - 1848년 9월, 조선에서 부모님께 보낸 편지 중 -

정확한 병명을 언급하지는 않았지만, 하나 확실한 것은 그때나 지금이나 전염병이 주는 두려움 속에서 살아가는 순간이 존재한다는 것이다. 우습게도 나는 이 구절에서 다블뤼 주교에게 친근함을 느꼈다. 순교자 성인이기만 하던 그가 가족들에게 전염병의 무서움을 토로하는 모습이 뉴스에서 보도되는 코로나 이슈를 아버지께 조잘대던 나의 모습과 겹쳐 보였기 때문이다. 다블뤼 주교에게 친근함을 느낄 수 있는 대목은 이뿐만이 아니다.

> 조선의 의복은 이 나라 백성들 옷이 모두 그러하듯 폭이 상당히 넓지요. 바지 한 쪽에 몸 전체가 족히 들어갈 정도라 그 모양은 그다지 세련되지는 않지만 거기에 익숙해지게 됩니다. 외출 시엔 옷을 몇 겹을 입는지 모를 정도입니다.

양말[버선] 한 결 체에 바지를 두 벌 입고 행전을 두짝 치고 저고리를 두 겹 입고 그 위에다 상황과 격식에 따라서 천으로 된 외투를 두 세 벌 더 입습니다.

- 1845년 10월 27일, 공동에서 부모님께 보낸 편지 중 -

이 편지 속에서 조선 의복에 대한 불편함이 문장 틈새에서 튀어나오고 있는 듯하다. 불퉁한 얼굴로 편지를 써내려갔을 다블뤼 주교를 머릿속으로 그려본다. 낯선 땅에 와서 낯선 문화를 이해하고 익히는 과정이 아마 쉽지는 않았을 것이다. 그러나 다블뤼 주교의 편지에서 여러번 반복되는 내용을 통해 그가 얼마나 조선과 조선의 교우들을 사랑했는지 알 수 있었다.

신리성지 전경

저는 오로지 저의 착한 교우들만 보며 사는데, 저는 그들을 자녀처럼 여기고 그들은 저를 아버지처럼 사랑한답니다. 그들의 행복은 아주 소박하고 그들의 기쁨과 즐거움은 순수하기 이를 데 없으니 제가 어찌 행복하지 않겠어요. 일례로 우리가 베르지쿠르에서 산책을 할 때면 사람들이 슬쩍 우리를 훑어보곤 했지만 여기서는 얘기가 완전히 달라집니다. 모든 이가 마치 저마다 제 초상화나 그릴 듯이 저를 꼼꼼히 관찰하지요. (중략) 어쩌면 그들은 제 매끈한 턱을 조금씩 덮어가는 수염이 몇 가닥인지 이미 알고 있을지도 몰라요. (중략) 그들은 내가 글을 쓰고 음식을 먹고 산책하는 것을 일일이 구경하는 것을 즐거운 낙으로 삼고 있는데, 그들의 그런 모습이 또 제게는 기쁨이 돼주고 있지요. 그 정도로 제가 그들을 좋아한답니다. 교우들이 제 주위를 에워싸면 저는 그들을 즐겁게 해주려고 애쓰지요. 순수한 그들의 마음을 즐겁게 해주는 건 그리 어려운 일이 아니랍니다. 별것도 아닌 일로 그들의 얼굴은 활짝 피고 밝아지지요. 혀 꼬부라진 소리에다 발음이 잘못되어 무슨 말인지 알아들을 수 없는 저의 조선어가 그들에겐 큰 오락거리이고 제게도 기분전환이 돼주는 소재입니다. 제가 성공적으로 말을 구사하면 그들은 물론 저도 기뻐하지요.

- 1845년 11월 4일, 가족들에게 보낸 편지 중 -

교우들을 사랑하는 다블뤼 주교의 따뜻한 마음이 고스란히 전해진다. 뿐만아니다. 순수하고 귀여운 조선의 교우들이 이 구절을 쉽게 지나칠 수 없게 한다. 서양인을 어디서 봤을까. 지방에 살고있는 필자는 아직도 외국인들을 주변에서 보기 어렵다. 하물며 1800년대를 살아가던 그들은 얼마나 더 낯설었을까. 그런 그들이 생소한 얼굴을 한 키 큰 자가 그토록 원하던 사제이기 때문에 온 마음을 다해 사랑하는 모습이 마음 한켠에 진하게 남는다. 난 이 편지가 가족들에게 부쳐졌지만 사실은 이 작은 나라의 교우들에게 보내는 러브레터가 아니었을까 생각한다. 이토록 교우들을 사랑했던 다블뤼 주교는 병인박해(1866) 때 이곳 신리에서 그들을 대신하여 체포되어 순교하였다.

 다블뤼 주교가 생전에 기록해 두었던 내용에 따르면 신리는 자주 물에 잠겨 섬과 그 모습이 다르지 않았다고 한다. 오늘날 범람하는 물로 마을이 잠기는 일은 더 이상 일어나지 않지만, 그 시절 모습을 기억하듯 푸른 잔디 사이에 물에 잠긴 작은 연못이 조성되어 있다. 이러한 이색적인 경관으로 코로나19 이슈 속에서도 이곳을 찾는 발길은 끊이질 않는다. 성지를 찾아오는 사람들을 찬찬히 살펴보니 마스크에 가려진 얼굴임에도 평화로움이 깃들어있다. 고요한 평야 속 신리성지에 나도 시름 내려놓고 개운한 기분으로 이 짧은 여정을 마친다.

[참고 문헌]

- 블뤼 저, 유소연 역. 2018. 『다블뤼 주교가 가족들에게 보낸 편지』 내포교회사연구소.
- 충청남도역사문화연구원. 2015. 『내포의 천주교와 성지』 충청남도역사문화연구원.

구세주 gusj9@naver.com

세상에서 제일 좋아하는 것은 침대에 누워있기. 제일 싫어하는 것은 걷기. 요즘 유행하는 MBTI(성격유형검사)에서도 '눕기'를 가장 좋아하는 유형인 ISFP가 나왔다. 하지만 나는 이 글을 마치고 다시 검사할 것이다. '버그내 순례길'이 이런 내 성격을 단번에 고쳐놓았기 때문이다. 나는 이제 걷는 것을 가장 좋아한다.

사정성(沙井城)의 부활을 꿈꾸며

오래 다니던 직장에서 퇴직하고 무료하게 지내다 보니 일상에 변화를 주고 싶었다. 그래서 택한 것이 공부였다. 그중에서도 해 왔던 일과도 전혀 연관 없고, 지금껏 살아온 일상과도 완전히 다른 문화유산에 대한 공부였다.

선택이 달라지니 생활이 달라지고, 사물을 보는 눈도 달라졌다. 등산이나 여행을 다니는 길에도 그동안 보지 못했던 것들을 보게 된 다른 눈이 생긴 것 같다. 내가, 그리고 우리들이 무심코 지나쳤던 곳에 문화재가 있었다. 새로운 문화재를 만나면 간단히 메모를 하고 핸드폰을 꺼내 사진을 찍고, 좀 더 관심이 가면 검색을 해 꼼꼼하게 기록하기도 한다. 이제는 전과 달리 작은 문화재라도 관심 있게 보기 시작하는 습관이 생겼다.

그러다 알게 되었다. 사정동에서 나고 자란 내가 최소한 일주일에 한 번 이상은 들렀던 곳, 그곳이 '사정성(沙井城)'이라는 산성이라는 것을. 표지판도 표지석도 그 곳에 있었지만, 전에는 관심 있게 보지 않았던 것이다. 나에게 사정성은 그저 어린 시절 추억의 동산이라 생각했다. 사정성 아래서 나고 자랐지만, 이 동네를 오래 떠나 있었다. 물론 옛 생각이 나면 가끔 들리곤 하다 몇 년 전 다시 돌아온 것이다. 어린 시절 뛰어놀던 이곳에만 오면 난 그저 마음이 편했다.

좋은 공기와 계절마다 바뀌는 잔잔하고 아름다운 풍경에 늘 감탄했다. 봄 진달래꽃이 만발할 때도, 뜨거운 여름 시원한 나무 그늘 아래를 찾을 때도 사정성은 나를 항상 반겨주었다. 산성을 지나 장수봉 정상의 장수정에서 뿌리공원 앞으로 굽이쳐 흐르는 유등천과 저 멀리 금산 방향을 바라보고 있으면 막힌 가슴이 탁 트이곤 했다. 각종 조명으로 꾸며놓은 뿌리공원 야경은 더 아름다웠다. 직장 일이 잘 안 풀리거나 걱정이 생겼을 때, 집안일로 마음이 심란할 때, 그리고 친구들과 술 한 잔 하고 기분이 좋을 때도 발걸음은 자꾸 산성으로 향한다. 주변이 가파르지 않아 가볍게 걷기에도 그만이다. 내 삶의 희노애락이 어쩌면 여기에 다 있는 것도 같다.

사정성에 남은 흔적 찾기

사정성 표지판과 표지석은 언제 세워졌을까. 이곳을 늘상 다니면서도 그저 돌이 많은 산이라 생각했지, 성일 것이라고는 깨닫지 못했다. 문화유산 공부를 시작하고 지역 문화에 관심이 생겼고, 지역 단체에 가입해 활동하고 나서야 알게 되었다. 어린 시절, 우리 동네 뒷동산이 바로 사정성이었다는 것을. 무언가를 지키는 목적의 산성이 그동안 나에겐 내 삶을 지켜주던 역할을 해주고 있었다는 것을.

장수정 전망대

사정성의 중앙부

주말에 시간을 내 다시 사정성을 찾았다. 이번엔 어깨에 사진기를 메고 노트와 펜을 들었다. 탐험가처럼 완전무장한 채 산행을 시작했다. '자세히 보아야 예쁘고, 오래 보아야 사랑스럽다'고 한 나태주 시인의 말처럼 나도 사정성을 좀 더 자세히, 오래 봐야 할 것 같았다.

사정성 표지판

옛 주소로 대전광역시 중구 사정동 산 62번지의 사정성은 대전광역시 기념물 제14호다. 대전에서 진산과 금산으로 이어지는 국도변 구릉지대 정상부 해발 174m에 자리하고 있으며 인근의 보문 산성과도 이어진다. 남쪽으로 흑석동 산성(대전광역시 기념물 제15호), 북쪽으로는 월평동 산성(대전광역시 기념물 제7호)과 연결되어 있고, 대전 동쪽의 산성(보문 산성, 삼정동 산성 등)으로 연결되는 지점이기도 하다.

사정성은 대전 지역의 여러 산성과 마찬가지로, 산 정상을 둘러서 쌓은 테뫼식 석축산성이다. 이는 산세와 능선의 기복을 이용한 삼국시대 성곽 축조의 한 종류로, 둘레는 약 350m 정도 길이로 추정된다. 하지만 지금은 전부 허물어진 상태여서 어렴풋이 그 윤곽만 확인할 수 있을 뿐이다. 성의 안쪽은 서쪽으로 완만하게 경사를 이루고 있으며, 동남쪽 높은 곳에 건물터가 남아 있다. 성벽은 동

기와와 토기들이 방치된 상태로 있는 사정성 흔적들

벽과 서벽의 거리가 좁은데 비하여 북벽은 길게 축성되어 있고, 기단석과 벽석들은 모두 노출되어 있다. 간신히 내부 공간과 형체만을 파악할 정도지만, 사정성은 진산으로 통하는 길목을 지키기 위해 축조했던 것으로 알려져 있다.

남서쪽 일대는 암반을 조정한 흔적이 보이며 북벽은 북동쪽으로 길게 늘어져 남쪽과 연결되어 있고 남벽은 북벽에 비해 경사가 완만하여 성벽에 접근하기가 비교적 용이하였다. 성벽 내부에는 북동쪽이 약간 높고 남서쪽이 낮아지는 지형을 이루고 있고, 동쪽과 서쪽 중앙부 일대에도 3개의 건물터로 추정되는 흔적이 남아 있다. 이와 함께 성 내부에는 건물지와 관련된 기와 토기의 조각들이 심란하게 흩어져 있어서 세월의 무상함을 느끼게 한다.

주변 관음암에서 백제시대 토기로 추정되는 병형 토기가 발견된 적이 있다. 전문가의 고견을 청취하였으나 교란된 토층에서 발견되었기 때문에 발굴해서 나와야 객관성을 얻을 수 있으며, 자료로 참고할 정도만 가능하다는 의견을 들을 수 있었다.

관음암 주변에서 2021년 5월 발견된 토기   백제시대 병형 토기로 추측되는 파편들

그동안 대전 지역에 있는 산들을 등산하면서 보면 계족산성, 보문산성은 잘 복원되어 있는 모습을 봤다. 그러나 사정성은 복원은커녕 제대로 된 표지판 하나 세워져 있지 않은 현실에 안타까운 마음이 들었다.

사정성에 관한 역사적 기록을 보면 삼국사기 백제본기 동성왕조 20년(498)조에는 '사정성을 축조하고 비타 간솔로 하여금 지키게 하였다'고 하며, 성왕4년(526)조에는 '사정성에 목책을 세웠다'고 남아 있다. 분지 형태의 지형인 대전은 동서남북으로 산맥에 자리해 지금까지 확인된 산성의 수만 해도 약 40개에 달한다. 삼국시대에는 신라에서 백제로 가는 길목의 방어선 역할을 하던 지역이고, 백제 멸망 후에는 백제부흥운동의 전초지기로 활용되기도 한 장소이다. 하지만 현재의 모습은 과거에 축조된 흔적만 남아 있을 뿐이다. 문화유산을 보존하고 전승하는 것은 현재에 그 땅에 살아 있는 우리 후손들의 몫이다.

  그동안 마을 후배들과 지인, 그리고 같이 성 주변을 놀이동산처럼 여기며 학창시절을 보냈던 사람들과 만남의 자리를 가졌다. 당연히 이슈는 사정성의 복원문제이다. 그 뒤로 수시로 복원 모임을 개최하고 토론회를 이어갔다. 뜻이 맞는 사람들이 추진위원회를 결성하여 구청이나 시청에 사정성 복원의 필요성을 건의하였다. 주변에는 중구에서 운영하는 뿌리공원이 있고, 앞으로 공원의 제2의 부지가 사정성 인근에 확보되었기에 더욱 가능성이 있어 보였다.

무너진 돌로 산성의 흔적을 엿볼 수 있는 광경

사정성 부활의 신호탄, 마을축제

2021년 10월 16일, 사정성 일원에서 제1회 사정성과 함께하는 행사를 열었다. 온라인 비대면으로 진행하다 보니 인원 제한이 있어 아쉬움이 많았다. 마을축제로 사정성 둘레길 걷기, 백제 군사와 사진 찍기, 백제 의복 입어보기, 백제 기와 탁본 뜨기 등을 진행했다. 특히 사정성에서 발견된 기와에는 문장이 새겨져 있는 것이 특징이라 이는 추후 사정성의 상징적 마크로 활용할 예정이다.

사정성과 함께하는 마을축제 포스터

축제 현장에서 마을 주민들과 한 자리에 모여(필자는 왼쪽에서 두 번째)

축제는 사정성 주변 마을에서 시작했다. 코로나19로 인해 비대면으로 진행하다 보니, 인원이 제한이 있어 20여 명의 마을주민들이 왕과 왕비, 장군, 병사, 평민복을 나눠 입고 행사에 참여했다. 언고개 주차장에서 출발해 장수정(장수봉) 전망대로 오르는 둘레길을 함께 걷고 뿌리공원과 주변 경관을 관람하며 백제향토문화연구회의 백남우 회장님의 안내를 들었다. 첫 번째 지점 거북선과 돛단배가 있었던 자리에서 악동 어우름의 국악 공연이 펼쳐졌다. 백제의 혼을 깨우고 재조명하는 의미의 무대였고 덕분에 모두 흥이 한껏 올랐다.

사정성에 오래된 상수리나무 한 그루를 수호목으로 지정하는 예식을 행하며 축제는 정절에 달했다. 나무 이름은 '한솔비타장군나무'라고 명했다. 백제 동성왕이 한솔비타에서 사정성을 지키게 했다는 기록에서 따온 이름이다. 주민들이 이 나무에 소원을 적은 리본을 매달면서 행사는 막을 내렸다. 처음 하는 축제였지만, 대전향토문화연구회 식구들이 진행을 맡아주어 무사히 행사를 마칠 수 있었다.

한솔비타장군나무 수호목 지정식

지정식에서 제를 올리는 모습

대전은 계획도시인 만큼 문화재가 거의 없는 실정이다. 앞으로 7개성을 추가 복원할 예정이라는데, 사정성도 포함되기를 기대해 본다. 앞으로 이러한 자그마한 노력들이 쌓이고 경험들이 축적된다면 우리가 꿈꾸는 사정성의 복원은 이루어 질 것이라 확신한다.

효월드와 함께 세대를 넘어서

사정성 인근에는 대전의 자랑거리 '효 월드'가 있다. 우리나라의 효 문화를 잘 보존하고 계승하고자 조성한 테마공원이다. 뿌리공원, 족보박물관, 장수마을, 효 문화진흥원이 함께 자리하고 있어 찾는 이들이 해마다 늘고 있다. 호수와 너른 잔디밭 등으로 아름다운 자연경관을 갖추고 있어 가족 단위 관광객들에게 인기가 높다.

장수정에서 내려다본 뿌리공원

뿌리공원에는 전국 문중에서 설치한 성씨 문중을 상징하는 250여 점의 조형물이 있다. 또한, 지금도 계속 추가로 세워지고 있다. 방문객들은 자기 가문의 상징 조형물을 먼저 찾곤 한다. 아이들에게 조상의 뿌리를 알려주는 충효의 산 교육장이나 다름없다. 가을에는 이곳에서 축제가 열린다.

전국 각 성씨들이 모여 각종 행사 및 문화행사를 여는데, 아름다운 유등천과 넓은 잔디광장을 배경으로 화려하게 펼쳐져 지역을 넘어선 전국 축제로 거듭나고 있다. 공원 내에 있는 족보박물관도 규모는 작지만 많은 사람들이 관심 있게 들러 가는 곳이다. 코로나19로 인해 그간 개방을 하지 못해 아쉬움이 많았다.

맞은 편에는 노인종합복지시설인 장수마을이 있다. 일명 '실버토피아'로 불리는 이 마을은 숙박 시설까지 갖춰져 있는 노인종합복지 시설이다. 가까운 곳에 동물원 및 테마파크인 오월드와 신채호 생가 등 볼거리가 많은 곳이다. 옆으로는 국내 유일의 효 문화체험 교육 및 전문기관인 '효 문화진흥원'이 얼마 전 문을 열었다. 아름다운 전통 문화유산인 효를 국가 차원에서 장려하기 위해 마련

성씨 조형물 244개가 세워진 뿌리공원

대전효문화뿌리축제 현장의 모습

한 장소다. 이곳에는 효의 정신과 효의 기원, 한국 효 사상의 흐름이 전시되어 있다. 우리 민족은 삼국시대부터 조선시대 근대에 이르기까지 효를 중요시해 왔고, 이를 뒷받침하는 여러 제도들이 있었다. 노인을 공경하는 행위를 임금이 몸소 실천하는 양로연 제도, 관리들의 효행을 위한 휴가제도, 효행자 표창 제도 등이다. 또한, 조선시대에는 효성이 지극한 자를 관리로 특별 채용하였고, 80세 이상 노인에게는 무조건 벼슬을 주었으며 마을에서는 좋은 위치에 정려를 세워 효행을 알렸다 한다. 그 외 가족 단위 체험객들을 대상으로 책을 통해 배우는 효, 예절교육 등 다양한 체험 프로그램도 마련되어 있었다. 나 역시 우연히 이곳에 들러 해설사의 설명을 듣다가, 그의 열정에 감동 받아 문화유산을 공부하게 된 것이다.

한국족보박물관 외관

박물관 내 기증 받은 족보들

뿌리공원 입간판

요즘 효는 젊은 세대와 어른 세대 간의 조화라고 한다. 효월드를 나와 사정성을 향해 걸으면서 세대와 세대, 시대와 시대를 생각한다. 조화는 서로에 대한 이해에서 출발한다. 과거를 알지 못하고서는 다음 세대를 논할 수 없다. 우리 문화유산을 잘 보존하고 계승 발전시키려는 것은 어쩌면 지금 잘 살기 위한, 나아가 다음 세대를 위한 꼭 필요한 노력일 것이다. 사정성 정자에 올라 뿌리공원을 내려다보며, 그런 다짐의 마음을 한 번 더 부여잡는다.

임세환 limsh5604@hanmail.net

고향 대전에서 농민을 위해 봉사하는 마음으로 농협을 평생 직업으로 삼았다. 산과 자연을 사랑하다 보니 우리 고귀한 문화유산을 보존하자는 마음도 생겼다. 지금은 제2의 인생을 시작하면서 나 자신을 찾고자 발버둥 치고 있다. 보다 행복하고 여유로운 미래에 나 자신을 세우기 위해서다.

700년만의 천도, 세종시 대평

이방인과 원주민

나는 대전 토박이였다. 기억도 안 나는 어렸을 적 대전에서 대전으로 한번 이사한 적 말고는 이사에 '이'자도 경험해 본 적 없는, 말 그대로 대전 촌사람이다.

아직 스물다섯 인생의 시작이라는 나이지만 다른 지역으로의 이사는 내 잔잔한 인생에서 손꼽히는 큰 사건이었다. 나면서 자라왔던 대전이란 도시를 떠나 세종시로 이사했던 고등학교 시절. 참 웃기게도 바로 옆 동네라 할 만큼 가까운 도시인데도 학창 시절엔 이사 온 전학생이란 게 신기했었는지 전학 오고 며칠 동안 다른 반 학생들이 나를 보러 구경 왔던 기억이 남아 있다.

처음 세종시에 전학 왔을 때 학교 분위기가 특이해서 적응하기 여간 어려웠던 게 아니었다. 일단 신도시다 보니 우리 학년이 학교의 첫 번째 학생으로 1회 졸업생이었다. 학교가 생긴 지 얼마 안 돼서 교복도 아직 정해지지 않아 사복을 입고 다녔다. 또 나름 과학 신도시라고 교실 내 칠판이며 컴퓨터며 모두 최신식에 전자식이었다. 그래서 학교 선생님들도 다들 적응에 애를 먹으셨다.

대전에 있을 땐 다들 같은 동네에 살던 친구들이고 그 친구들과 같은 중학교, 고등학교를 진학했는데 이곳의 절반은 나 같은 이방인들, 절반은 조치원에 살던 세종시 원주민들이었다. 지금 생각해 보면 그때의 우리 학교가 훗날 행정수도 이전을 했을 때 생길 모습의 축소판이 아닐까 싶다.

지금으로부터 벌써 8~9년 전, 내가 고등학생일 때 세종시는 막 발전을 시작하던 시점이었다. 당시에는 학교 주변에 슈퍼나 편의점 등이 아무것도 없는 공사판이었다. 나뿐 아니라 친구들은 아침에 간식까지 챙겨와야 했다. 그날 라면을 가져온 사람이 반에서 인기가 제일 많았다.

  버스정류장도 정해지지 않아서 위치가 몇 번이나 바뀌었다. 영화를 보려면 버스를 타고 조치원역까지 가서 유일한 영화관이었던 메가박스에서 영화를 봤었다. 처음 조치원역에 도착해 영화관까지 걸어가던 중 길거리에 돌아다니는 닭들을 보고 얼마나 놀랐는지 모른다. 그런 내 모습을 보고 조치원 원주민 친구들은 깔깔 웃으며 그냥 지나치면 된다고 해서 오히려 민망했던 기억이 있다. 한 번은 같은 반에 집에서 소를 키우는 친구가 있었는데, 소가 새끼를 낳아서 조퇴해야 된다며 간 적도 있다.

  지금의 세종시를 보는 사람들은 불과 10년도 안 된 과거에 이런 일들이 있었을 거라는 걸 상상도 못 할 것이다. 대전 촌사람이었던 나도 이런 곳이 있구나 하고 놀랐으니까 말이다. 참 아이러니한 일이다. 학교에선 전자 칠판에 개인 패드로 공부를 하고 높은 건물들이 잔뜩 지어지고 있는데, 막상 학교 밖을 나와서 걸어보면 닭과 소가 다니고 농사 짓는 풍경을 쉽게 볼 수 있었으니 말이다. 과거와 현재가 공존하는 그 공간, 그 시간에 나의 10대가 있었다.

'대평', 이름의 유래와 끈질긴 생명력

  주변에 편의시설이 없었기에 친구들과 조치원시장이나 대평시장을 자주 놀러 갔다. 시장 갈 때마다 먹던 호떡이 아직도 생각이 난다. 그때 대평시장은 아직 발전하기 전이였는데, 현재는 세종특별시 도시행정 지구 3-1 생활권으로 개발이 되었다. '대평'이란 금강가의 넓은 뜰이라는 의미이다. 대평장은 금강 연안

대평시장의 장날

에 위치해 공주·부강 등지에서는 배를 이용하여 왕래하였으며, 조치원·남면·유성 등지에서는 육로로 장꾼이 모여들던 규모가 큰 시장이었다. 또한 1919년 4월 2일 2,300여 명이 만세 시위를 한 역사적인 시장이기도 하다. 그처럼 번창하던 대평장은 1946년 큰 장마로 인하여 대평리가 흔적도 없이 사라지며 함께 자취를 감출 뻔 했다. 그러나, 대평리 주민들은 현재 시장이 위치한 용포리로 삶의 터전을 옮겨오는 동시에 시장도 함께 이전하였다. 그때 시장 이름을 용포장이 아닌, 예전 그대로 '대평장'이라 불렀고, 이곳이 지금은 금남면의 행정 중심 마을이 되었다. 대평장은 2006년 11월 9일, 전통재래시장으로 등록되었다.

세종시 금남면 출신들은 아직도 면 소재지 금남면에 위치한 용포리를 대평리라고 부른다고 한다. 전통시장도 역시 '대평장'이라며 '대평(大平)'이 이곳에서는 고유 명사가 되고 있다. 하지만 그동안 행정구역에는 '대평'은 존재하지 않앗다. 역사 속에 파묻힌 단어가 행정 도시 건설로 다시 살아난 것이다.

이들의 마음 속 '대평'은 고향을 생각하게 하고, 아련한 추억을 떠올리게 하는 정겨운 단어였다.

세종시 대평동 종합운동장 교차로에는 대평동 유래비가 세워져 있다. 세종시는 보도자료를 통해 '금남면 대평리의 유구한 역사와 행복도시 출범과 함께 대평동으로 재탄생하는 과정을 실어 주민이 자부심과 애향심, 지역에 대한 긍지를 가질 수 있도록 제작했다'고 밝힌 바 있다. 유래비는 가로 10m, 높이 3m 크기의 하트 모양으로 제작되었다. 상단에는 '대평에 살어리랏다'는 문구와 영문으로 '세종(SEJONG)'을 나란히 새겼다.

본문에서는 '넓고 평평한(大平), 큰 들(大坪)'을 의미하는 옛 지명인 대평리가 행복도시의 동명으로 활용된 경위를 밝히고 있다.

대평동 유래비

대평에 얽힌 재미있는 지명 유래

이곳 구 금남, 현 대평리에는 역사가 깊은 지역인 만큼 재미있는 지명 유래도 많이 있다. 세종특별자치시는 누리집을 통해 각 읍·면·동 소개와 함께 지역 명칭에 대한 유래를 정리해 보여주고 있다. 이에 따르면 금남 지서에서 동쪽 마을을 '쑥티'라고 한다. 오랜 옛날 이곳에 살던 사람이 왕명을 어겼다 하여 마을을 모두 불태워 버렸는데, 그 불탄 자리에 이상하게도 쑥이 나오기 시작하여 쑥밭을 이루었다 한다. 그래서 쑥이 많은 곳이라 하여 쑥티라고 부른다.

쑥티에서 남쪽 마을은 예전에 탑이 있었다 하여 '탑산'이라고 불리어진다고 한다. 또, 쑥티의 동쪽 산은 '성재'라고 불렀는데, 예전에 이곳에 성이 있었는데 토성과 석축이 혼합하여 조성되어서 성재라는 이름이 붙었다고 알려지고 있다.

세종시 나성동에는 LH가 운영하는 세종행복도시 홍보관이 자리하고 있다. 1층에 신도시가 생기기 이전 마을의 모습들을 사진과 지도 등으로 한눈에 알아볼 수 있게 전시해 두었다.

세종시가 미래계획 도시인만큼 각 생활권별 마을 이름도 존재한다. '대평'처럼 부활한 이름이 있는 반면, 새로 붙여진 마을 이름도 많다. 세종시는 특이하게도 우리나라 최초로 마을 이름에 우리말 명칭을 사용했다. 그래서 세종시 마을 이름을 처음 듣는 사람들은 굉장히 신선하고 예쁘다고 생각한다. 순우리말 이름에 걸맞게 아름답고, 따뜻한 느낌의 이름들이 많은데, 몇 개 소개하자면 '해들마을'은 대평동의 마을 이름이다. 세종대왕의 해시계 발명 업적을 되새김하여, '해가 따스하게 드는 마을, 풍요로운 마을'을 상징한다.

　대평동에서 금강을 건너 위치한 나성동은 '나릿재마을'이란 명칭을 사용한다. 나성동은 지역 전래명칭 '나성리'에서 따 왔고, 삼국통일 전쟁 시 '신라가 백제군에 대항하고자 쌓은 성'이란 의미에서 연유되었다. '나릿재'는 나성리에 있는 토성 주변에 있던 마을이며 '냇가에 있는 성'을 의미한다. 이는 기존의 지명을 활용하여 새로운 명칭을 붙인 사례이다.

　어느 지역이든 이름의 유래가 있지만 세종시가 허허벌판일 때부터 높은 아파트와 건물들이 지어져 도시를 이루는 모습을 본 나로서는 새로운 마을 이름이 붙여지는 과정이 참 흥미롭게 다가온다. 앞으로 새로 개발되는 지역에 새 이름들도 기대가 된다. 세종시뿐 아니라 어느 지역이든 이름의 유래가 있으니 지역별로 그 뜻을 알아가는 것도, 그 지역을 자세히 알고 이해할 수 있는 방법인 것 같다.

교통의 요지, 대평나루

 흐르는 물결이 마치 비단결과 같다고 하여 불리게 된 금강은 우리나라의 대표적인 수로였다. 금강이 흐르는 세종시에는 예로부터 나루가 많았다. 나루는 사람과 물자를 수송하는 교통 기능을 담당하였는데, 비교적 수심이 얕고 물의 흐름이 빠르지 않은 연안에 있었다. 특히 금강을 중심으로 한 금남면 유역에는 양쪽 마을을 이어 주던 크고 작은 나루가 많았다. 과거에는 배가 하나의 교통 수단이 되었기에 강을 건너게 해주는 나룻배와 사공은 이웃

독락정 가는 길 세워진 나루터 안내판

마을을 연결하는 중요한 역할을 해 왔다. 또한, 나루터는 교통의 근거지가 되었다. 배를 타려는 사람이 나루터에 와서 사공과 배를 기다리고 있으면, 강가에 살던 뱃사공이 집에서 나와 배를 태워줬다고 한다. 그 당시엔 보리와 벼로 배삯을 내기도 했다고 한다.

혼자서 즐긴다는 임씨가묘 '독락정'

 한창 자전거에 빠져있을 때 '나성동 - 금남교 - 금강 - 숲뜰근린공원' 코스로 열심히 패달을 밟으며 돌아다녔다. 그 코스를 지나다 보면 독락정역사공원도 구경할 수 있고, 대나무숲의 정치도 느낄 수 있다. 금강변의 높고 낮은 구름과

강물의 흐름을 보며 금남교를 건너는 걸 특히 좋아했다. 탁 트인 경치와 예쁜 구름들로 일몰 때의 금남교는 정말 환상적이다.

독락정역사공원은 조용하고 정숙한 공원이다. 공원을 걷다 돌계단을 올라가 보면 금강이 내려다보이는 정자인 '독락정'이 있다. 흔히 하는 이야기로 '최·안·강씨 고집이 쎄다'고 하는데 부안임씨 고집도 만만치 않았던 것 같다. 고려가 조선으로 넘어가고 최영 장군과 천하를 누비던 임난수 장군은 탐라 정벌에 큰 공을 세워 이성계가 벼슬을 내리고 회유했으나 "두 나라의 임금을 섬길 수 없다"고 딱 잘라 거절하고 이곳 세종시 연기면으로 낙향하였다고 한다.

부안임씨 가문에서 운영하던 독락정은 혼자서 즐긴다는 의미가 있는데 발아래 강이 흐르고 왠지 모를 평온함도 느껴지는 것 같다. 행정수도가 들어서면서 어떻게 이렇게 변할 수 있을까 싶을 정도로 바뀌어 버린 세종시에 임씨가묘와

세종시 독락정역사공원의 모습

혼자서 즐긴다는 의미의 독락정(좌)과 임씨가묘(우)

정자는 그대로 남아 이같은 변화를 지켜보고 있다. 한편으로 임씨 가문의 조상께서 정말 명당에 자리를 잡으셨다는 생각도 든다. 현재 독락정은 세종특별자치시 문화재자료 제8호로 지정되어 있다.

　나성리는 금강으로 좁게 튀어나온 지형으로 백제시대 토성이 자리하고 있으며, 토성 위에는 조선시대 부안임씨 가문에서 운영하던 독락정이 앉혀져 있다. 이곳에 둘려져 쌓여 있는 언덕은 단순한 언덕이 아니라 백제 때 쌓은 성이다. 성을 쌓는 방법은 여러 가지인데 이곳은 돌이 아닌 흙으로 쌓은 성이기 때문에 토성이라고 부른다. 삼국시대 쌓은 토성은 판축 기법이라 하여 흙을 나무판에 넣고 나무 같은 것으로 다져서 마치 떡시루를 만들 때처럼 한 칸 한 칸 쌓는 것을 말한다.

　옛 문헌에 나오는 지라성(支羅城)이 있는데 백제 말 나당 연합군에게 백제가 멸망하자 백제 유민들이 나라를 되찾으려고 부흥운동을 하였다. 동쪽에서 신라 군사가 금강을 이용하여 식량과 무기를 나르자, 강가에 있는 지라성에서 이를 차단했다는 기록으로 보아 이곳이 지라성이었는데 세월이 흘러 성의 이름을 라성(羅城)이라 불린 것으로 추측하고 있다. 왕성을 보호하기 위하여 쌓은 성을 보통 라성이라 부르기도 하는데 백제의 웅진성을 보호하는 중요한 위치에 있다 해도 과언이 아니다.

전쟁으로 파괴된 문화재와 그것에 얽힌 전설

 독락정역사공원에서 산책로를 따라 고마니 고개를 넘고 임씨가묘와 독락정에 서면 가묘 가운데 큰 소나무 아래 웬 비석 같은 것이 하나 서 있다. 멀리서 보면 그냥 바위로만 보이기도 하는데, 가까이 보면 눈도 코도 달려 있는 나름 귀엽게 생긴 석불이다. 커다란 귀에 눈썹은 굵고, 눈은 가늘게 파여 있다. 뭉툭한 코는 투박해 보이지만 턱은 두툼하면서도 둥글게 처리되어 친근감이 느껴지고 입은 작지만 살짝 위로 치켜 올라가 있어 미소를 머금은 듯 보인다. 이 석불은 나성동 산성 내에 위치한 나성리 석불이다.

 옆에 세워진 안내판에는 "이 석불은 목에 3도가 그어진 것으로 보아 고려시대에 제작된 것이다. 說에 따르면 임난수 장군이 멀리 서역 땅에서 석불을 가지고 와서 겨드랑이에 끼고 금강을 뛰어 건너다가 쇠 나막신 한쪽을 물속에 빠뜨렸다고 한다. 신발을 찾기 위하여 강 양쪽에 석불을 세워놓은 것이 강 건너 석불은 홍수에 의해 유실되었고 이곳 나성리 석불만 남아있다"라고 적혀 있다.

 불상의 목에 3줄이 나 있는 것을 '삼도(三道)'라 부르는데, 이는 불상 목 주위에 표현된 3개의 주름으로 생사(生死)을 윤회하는 인과(因果)를 나타내며 혹도

나성리 석불

(感道) 또는 번뇌도(煩惱道), 업도(業道), 고도(苦道)를 의미한다고 한다. 삼도는 특히 고려 시대 제작된 불상의 가장 큰 특징이기도 하다. 석불에는 얼굴, 목, 가슴 등에 구멍이 나 있다. 들리는 말에 의하면 6·25 전쟁 당시 생긴 총탄 자국이라고 전한다. 이곳 금강에서 미군과 북한군이 대치하여 치열한 전투를 벌였는데, 미군이 금강으로 건너오는 북괴군을 막으려고 금강 다리를 폭파시키고 강 건너에서 밤에는 조명탄을 쏘았다고 한다. 그때 총을 쏜 것이 이곳 불상에 맞아서 생긴 상처라는 것이다.

석불과 석탑은 민간신앙의 기도 대상이어서 예배 대상으로 취급한다. 그래서 이러한 석불, 석탑에는 전설이 따르곤 한다. 대부분 성스러운 대상물이 조성된 유래가 전해오거나 영험이나 기적을 증언하는 이야기가 내려져 온다. 나성리 석불 또한 옛사람들에겐 신앙의 대상물이었기에, 관련된 민간 설화들이 여럿 전해져 온다.

먼 옛날 이곳에는 노부부가 살고 계셨다. 노부부는 자식을 낳지 못하여 근심 걱정하며 살고 있었는데 어느 날 노승이 공양을 하러 방문한다. 부부는 노승에게 시주하고 근심걱정을 말하자, 노승은 나성리 석불에 가서 백일기도를 하라고 일러준다. 노부부는 결심을 하고 음식도 정성스레 장만하여 백일기도를 드리고 나자 신기하게도 아들을 낳게 된다. 후에 아들이 훌륭하게 자라서 나라에 큰 공을 세우고 돌아왔지만, 노부부는 병에 걸려 자리에 눕고 말았다. 노부부는 아들에게 석불에 소원을 빌어 보라 하였고, 아들은 정성을 다하여 음식을 차려 놓고 기도를 하였다. 100일째 되던 날 꿈속에 부처님이 나타나 전월산 바위틈에 약초를 캐 달여드리라 하니, 그대로 했더니 부모님의 병이 모두 완치되었다 한다. 이를 알게 된 이웃 불효자는 아들을 따라 석불에 가서 비는데, 부모의 병을 낫게 해달라고가 아닌 많은 돈을 벌게 해달라고 빈다. 100일째 되던 날 불효자 역시 돈이 잔뜩 든 상자를 얻게 된다. 불효자는 그 돈을 흥청망청 유흥에 쓰는데, 상자에 든 돈이 뱀으로 변하더니 불효자를 꽉 물어 죽인다. 부처님은 기도를 드린다고 모두 소원을 이루어주는 것이 아니라 이를 악용하는 자에게는 벌도 내리는 것이다. 이는 불교가 민간에 토착화되어 권선징악의 형태로 연결되어 있음을 보여준다.

700년만의 천도, 그 역사의 순간

일제강점기에 지역 성장을 이끌었던 대평나루와 대평장, 장남평야, 나성뜰과 나성나루는 이제 행정중심복합도시 건설 지역에 포함되면서 옛 자취를 찾아보기 어렵게 되었다. 현재는 나성동(옛 남면 나성리)과 대평동(옛 금남면 대평리)을 잇는 금남교가 건설되어 있고, 나성동 금강변 절벽에는 독락정을 중심으로 역사공원이 조성되어 과거의 기억을 애잔히 간직하고 있을 뿐이다. 너무 짧은 시간에, 너무 큰 변화를 맞이한 지역이기에 유·무형의 문화유산을 제대로 찾아두기엔 시간이 모자랐을 것이다. 나성리 유적발굴 당시 출토되었던 백제시대 유물들과 지방도시의 흔적, 그리고 금강을 통해 이동한 배와 나루의 자취들이 세종시의 숨겨진 과거를 이야기하고 있을 뿐이다.

세종시청에서 내려다 본 금강의 운무

　700년 만의 천도, 우리는 새로운 역사가 시작되는 현장에 함께 하고 있다. 과거에 용포리가 대평리로 바뀐 것처럼 100년이 지난 지금 현재 우리들도 그때의 모습을 다시 한 번 겪고 있는 것 같다.

　몇 년 전 조치원고등학교의 명칭이 세종고등학교로 바뀌고, 여러 지형 지명이 바뀌어 가는 것을 보며 '대평'이란 이름의 부활이 그 지역 주민들이 그 이름을 얼마나 사랑하고 지켜오고 싶었는지 이제는 알 것만 같다. 내가 전학 왔을 때 학교와 지역에 적응할 수 있도록 도와 준 조치원 친구들처럼 우리 모두 서로를 배려하고 옛 모습을 기억해서 미래를 도모하는 지혜롭고 발전적인 세종시가 되기를 기원한다.

대평시장 맛집 탐방

세종시는 새로 생긴 건물이 많아서 오래된 맛집을 찾기가 힘든데 금남면 대평시장은 세종시의 이미지와는 조금 다른, 정말 시장 느낌이 나는 동네다. 일명 노포의 분위기를 사랑하는 나로서는 맛집 찾기에 최적의 장소이기도 하다. 대평시장의 유명한 맛집은 순대국밥, 칼국수, 김치찌개 등이 있는데, 내 지인들을 데려갔을 때 실패가 없었던 맛집 리스트로는 오징어볶음과 칼국수 맛을 보러 멀리서도 찾아온다는 '황가네칼국수', 사골시레기국과 잔치국수 등을 시그니처 메뉴로 내놓은 '엄니네', '황태 진 곰국', '오색 식당' 등이 있다.

금남면 시장통에 있는 또 다른 맛집인 '큰나무 식당'은 홍어 찌개와 보리밥 궁합으로 메뉴를 시키면, 별미 중의 별미이다. 6·25 동란 시절부터 명맥을 이어왔다는 '내집닭갈비'도 빼놓을 수 없는 맛집이다. 노계를 원재료로 삼아 통마늘을 올려 먹는 독특한 스타일로, 세종형 '닭갈비집'이라 해도 무방할 정도이다. 또 35년 전통 파닭 맛집 '싸전닭집'은 어릴 적 시장 통닭을 떠올리게 한다.

싸전닭집

황가네칼국수

내집닭갈비

큰나무식당

[참고 문헌]

- www.sejong.go.kr(세종특별자치시 누리집-읍·면·동 소개 지역 명칭 유래)
- http://sejong.grandculture.net(디지털세종시문화대전 대평리나루 편)
- 임영수, 2012년 5월 25일, "나성 나루, 대평 나루 오가던 물길", 세종의 소리.
- 이은파, 2021년 11월 26일. "세종시 남쪽 관문 대평동 유래비 제막", 연합뉴스.

김상아 rlatkddk822@naver.com

미술대학을 졸업하고 미술관 도슨트로 일해보니 문화유산에 관심이 생겼다. 더 깊이있게 문화유산에 대해 공부하고 싶어 문화유산대학원에 진학해서 공부 중이다. 아직 사회생활을 시작한지 얼마 안 된 사린이여서 아직 배울 것도 나아갈 길도 한참 멀다.

※ 일러두기

1. 에세이 속 위덕왕 스토리 중 삼국사기의 기록과 일본서기의 기록이 상충하는 경우, 백제 멸망 후 일본으로 도일한 백제인들이 일본서기의 기록에 관여했다는 학설을 근거로 일본 서기의 기록을 중시하여 유추한 내용임을 알려드립니다.

2. 위덕왕은 아버지를 잃고 능사를 지었고(567) 아들을 잃고 왕흥사(577)를 지었으며, 능사와 금동대향로의 제작이 국책사업의 규모인 점을 미루어 금동대향로의 제작자는 능사 제작 시기의 집권자인 위덕왕으로 추정하였고, 그 속에 담겨진 염원과 바람 또한 위덕왕의 개인사를 기반으로 유추했습니다.

금동대향로, 잊혀진 왕의 기도

4년 전 처음 만난 부여는 온 세상이 하얀 눈에 뒤덮인 한겨울이었다. 부여에 일본어 선생님이 필요하다는 부탁에 갑작스럽게 결정한 이사였다. 계속 있을지 일단 3개월을 살아보고 답해달라는 말을 듣고 나는 다음 날부터 결심하듯 부여 탐방에 나섰다. 다행히 오기 전 아무 사전 지식이 없었기에 호기심으로 가득 찬 나는 여행자의 마음으로 이곳저곳을 둘러볼 수 있었다.

  부여의 첫인상은 눈 덮인 정림사지였다. 집 앞 한 발자국만 나서면 곳곳에 문화재가 널려있는 곳이라니. 이곳의 문화유산들은 마치 너무 당연하다는 듯이 아무렇지도 않게 그저 거기에 놓여 있을 뿐이었다. 그 옛날 백제인들에게 역사책 속 문화유산들은 현실 속 간절한 염원이자 삶 속의 희망이었으리라. 나도 어느덧 과거 속 시간 여행을 떠나듯 그들 속으로 성큼 발걸음을 옮겨보았다.

  3일째, 국립부여박물관의 금동대향로를 보게 되었다. 그야말로 사고였다. 마음의 준비 없이 갑자기 당해 버린 교통사고처럼 눈앞의 금빛 향로를 보니 갑자기 어안이 벙벙해졌다. 아니 왜 이제껏 부여에 이런 문화유산이 있다는 걸 몰랐을까. 마치 고려청자를 요강으로 사용하는 시골 할머니처럼 특별할 것 없이 거기에 두기엔 이해가 가지 않는 압도적 아름다움이었다.

  그리고 뭔가에 이끌리듯 들어간 박물관 한켠의 영상실에서 나는 위덕왕의 이야기를 듣게 되었다. 아버지와 아들을 잃은 불쌍한 왕. 아버지를 잃고는 능사를 세워 금동대향로에 향을 피워 아버지를 기리고, 아들을 잃고는 왕흥사를 세워 슬픔을 달랬다는 내용이었다. '불쌍한 왕'과 '황금빛 찬란한 향로'라니, 너무나도 어울리지 않는 이야기가 아닌가. 그 궁금증이 채 풀리기도 전에 나는 홀린 듯 부여에 머물기를 정해버렸다.

금동대향로가 들려주는 출토 이야기

첫 만남의 설렘도 잊을 정도로 바쁘게 살다가 부여에서 세 번째 겨울을 맞았다. 그날은 우연히 알게 된 문화해설사 선생님과 찻잔을 기울이고 있었다. 내가 먼저 이곳에 오게 된 경위를 얘기하니 자신도 외지인이라며 아직 가보지 않은 부여의 유적지들을 추천해주셨고, 그날로 나는 다시 여행자가 되었다.

다시 시작된 부여 탐방. 첫 번째로 추천해주신 곳은 부여 왕릉원(능산리 고분군)이었다. 대체 무덤 자리에 뭐 볼 것이 있다고 이곳을 추천해주셨을까. 그렇게 아무 기대도 없이 찾아간 곳은 우연히도 금동대향로의 출토지였다. 정말 운명이란 게 있는 건지 모르겠다. 그곳에서 나는 다시 금빛 향로와 만나게 된다. 마치 왜 2년이나 잊고 살았냐며 섭섭함이라도 토로하듯 매섭게 불어오는 겨울바람에 나는 코트 깃을 여미었다.

금동대향로가 출토된 날도 찬바람 매서운 겨울이었다. 1993년 12월 그날의 부여 왕릉원은 주차장을 만들기 전 유적이 있나 확인하기 위한 발굴 공사가 한창이었다. 그곳에서 우연처럼 발견된 금동대향로.

백제 왕릉인 능산리 고분을 지키려고 세운 것으로 추정되는 능사. 이곳의 공방지(붉은 원) 땅 밑 물구덩이에서 금동대향로가 발견됐다.

능산리 사지(寺址)의 제 3 건물터 중앙 방의 목곽 수조 안에 묻혀있던 금빛 향로는 그렇게 우리들 곁으로 찾아오게 된다.

금동대향로가 출토된 부여 능산리 절터는 사비도성의 외곽을 둘러싼 나성과 부여 왕릉원 사이에 자리 잡고 있다. 한 나라의 수도를 지키는 나성 옆에는 왕들의 무덤이 있고, 그 무덤을 지키며 왕가의 행사를 치르던 능사가 있다. 660년 당나라군에 의해 사비 백제가 함락되었을 때 백제의 멸망을 예감한 누군가가 공방의 목곽 수조 안에 향로를 급히 감추었고, 수조 안에 있던 물 때문에 향로는 진흙 속 진공상태로 보존되어 훼손 없이 완전한 모습으로 발굴되었다.

발굴에 관련된 사연들도 기적 같지만 보존 상태 또한 기적에 가깝다. 우연이라기엔 너무 기적 같고 기적이라 하기엔 너무나 우연 같은 이야기가 아닌가. 혹시 이대로 잊히길 원하지 않는 누군가의 간절함에 대한 응답은 아니었을까? 찾은 이가 있으면 묻은 이가 있고, 만든 이가 있다면 사용한 이도 있을 텐데. 알지 못하는 누군가의 기도를 따라 1,330년간 잠들어 있던 금빛 향로는 세상에 모습

금동대향로가 출토된 당시의 사진

을 드러내었다. 뛰어난 것은 금속 세공 기술만이 아니었다. 향로에 새겨진 조각들이 담은 불교와 도교를 아우르는 평화로운 이상 세계, 그리고 봉황에 담겨진 메시지까지. 알면 알수록 향로에 대한 궁금증은 더해만 갔다.

성왕과 위덕왕의 그날들

성왕의 맏아들이었고, 죽어서는 위덕왕이라는 시호를 받은 백제 창왕의 재위 기간은 무려 45년이다. 그러나 금동대향로가 발견되기 전까지 그는 내내 주목받지 못한 왕이었다.

작품을 알기 위해서는 작가의 삶을 이해해야 한다고들 말한다. 나는 금빛 향로를 만든 왕의 삶을 알고 싶다는 마음 하나로 코로나19로 세상이 술렁이던 때 겁도 없이 사비나래라는 법인을 세우고, 금동대향로를 소재로 뮤지컬을 제작하고자 전문가에게 극작을 의뢰하였다. 2020년 10월에 공연했던 뮤지컬 <사비, 평화의 나라>의 설정을 모티프로 하여 극작 형태를 빌려 써 본다. 위덕왕의 생애에서 아버지인 성왕의 죽음은 중요한 기점이 되었기에, 성왕의 죽음과 향로 제작 전후의 3막으로 나눠보았다.

<사비, 평화의 나라> 포스터

1막 | 성왕이 품은 사비 천도의 꿈

웅진은 삼면의 산과 금강에 둘러싸인 천연 요새와 같은 곳이었다. 고구려의 침입으로 한성에서 쫓기듯 내려온 그곳에서 백제는 한숨 돌리며 나라를 재정비할 수 있었다.

성왕이 왕위에 오른 지 16년, 나라가 점차 안정되자 도읍지로 쓰기엔 조금 협소했던 웅진에서 넓은 평야 지대를 끼고 있는 사비(부여)로 천도를 감행한다. 그렇게 백제 중흥의 위대한 꿈은 시작되었다.

551년 백제는 신라와 연합해 고구려에 빼앗긴 한강 유역을 탈환하는 데 성공하지만, 불과 2년 만에 120년 간의 동맹을 깬 신라의 진흥왕에 의해 다시 한강 하류를 빼앗기고 만다.

백제 조정에서는 배신한 신라에 대한 응징문제로 치열한 논란이 벌어졌다. 혈기왕성한 젊은 태자 창은 신라에 대한 공격을 주장하며 전쟁에 반대하는 원로대신들을 거침없이 질타했다.

> 여창(餘昌)이 신라를 치고자 꾀하였다. 기로(耆老)들이 간하기를, "화가 미칠까 두렵습니다"고 하였다. 여창이 말하기를, "늙었도다. 어찌 겁이 많은가? 나는 대국(大國)을 섬기고 있으니, 무슨 두려움이 있겠는가?"라고 하고 드디어 신라국에 들어가 구타모라 요새를 세웠다.
>
> – 위덕왕 나무위키 중 백제 사서를 인용한 「일본서기」 기록 –

그리고 553년 아버지 성왕의 지지를 힘입은 태자 창은 드디어 출병을 하게 된다. 불과 29살의 나이었다.

뮤지컬 <사비, 평화의 나라>의 한 장면. 신라로부터 한강 유역을 탈환하기 위해 보복전쟁을 일으킨 태자 창

2막 | 아버지 성왕의 죽음

아버지 명왕(明王)은 여창이 오랫동안 진영에서 고생하고 또 오래도록 잠과 음식을 폐하고 있을 것을 우려하였고 아버지의 자애는 성글기 쉽고, 자식의 효성은 이루어지기 힘들다고 생각하였다. 이에 스스로 가서 위로하고자 하였다.

– 위덕왕 나무위키 중 백제 사서를 인용한 『일본서기』기록 –

성왕이 전사한 곳 구천은 충청북도 옥천군에 있는 구진벼루로 추정된다. 백제의 입장에서 보면 구진벼루는 신라의 수도로 진출하는 관문이자 한강으로 가는 길목의 전략적 요충지였다.

성왕이 태자 창이 머물던 관산성으로 달려가던 길목

554년 7월 구진벼루 관산성에는 태자 창이 머물고 있었다. 백제군이 신라군에 승리를 거두며 초반에 기세를 잡자, 아버지 성왕은 일 년 이상을 전장에 머무르며 고생하고 있는 아들을 독려하기 위해 병사 50명만 대동하고 밤길을 달려간다. 그리고 그날 밤 첩보를 입수하고 관산성으로 가는 길목에 매복해있던 신라군의 급습으로 인해 성왕은 포위되고 만다.

일본서기에는 신라의 노비 출신 장수 고도가 성왕의 목을 베고 그 목을 경주 월성의 북청 계단에 묻고 밟고 다니게 했다는 기록이 남아 있다. 죽기 전 성왕과 고도가 나눈 대화들은 흡사 영화의 한 장면처럼 실감 나게 기록되어 있다.

얼마 후 고도가 명왕을 사로잡아 두 번 절하고 "왕의 머리를 베기를 청합니다"라고 하였다. 명왕이 "왕의 머리를 노(奴)의 손에 줄 수 없다"고 하니, 고도가

"우리나라의 법에는 맹세한 것을 어기면 비록 국왕이라 하더라도 노(奴)의 손에 죽습니다"라 하였다.

　명왕이 하늘을 우러러 크게 탄식하고 눈물 흘리며 허락하기를 "과인이 생각할 때마다 늘 고통이 골수에 사무쳤다. 돌이켜 생각해 보아도 구차히 살 수는 없다"라 하고 머리를 내밀어 참수당했다. 고도는 머리를 베어 죽이고 구덩이를 파 묻었다.

　【다른 책에는 "신라가 명왕의 머리뼈는 남겨두고 나머지 뼈를 백제에 예를 갖춰 보냈다. 지금 신라왕이 명왕의 뼈를 북청(北廳) 계단 아래에 묻었는데, 이 관청을 도당(都堂)이라 이름한다"고 하였다.】

- 출처 : 성왕 나무위키 속 『일본서기』 「흠명기」 15년 12월(554) -

뮤지컬 <사비, 평화의 나라>의 한 장면. 신라의 노비출신 장수 고도에 의해 목이 잘려죽는 성왕

애틋했던 부정과 사비 천도에 실은 위대한 백제 중흥의 꿈은 경주 월성의 북청 계단에 묻히고, 3만 대군을 잃은 태자 창은 아버지의 시신조차 수습하지 못한 채 겨우 목숨만 부지하여 살아 돌아오게 된다. 관산성 전투의 참패로 백성은 왕을 잃었고, 아들은 아비를 잃었다. 그리고 끝이 보이지 않는 길고 깊은 슬픔은 태자 창을 잠식해버린다.

왕위에 오르기를 거부한 지 3년, 자신이 일으킨 보복 전쟁으로 아버지를 죽음에 이르게 하고 나라를 위기에 처하게 한 죄책감과 참담함을 견디지 못한 창은 끝내 왕위에 오르지 않고 출가하기로 결심한다. 그러나 그마저도 신하들의 반대로 좌절되고 자신을 대신할 100명을 출가시키고 나서야 왕위에 오르게 된다.

속세를 떠나 애도하는 삶, 아비를 잃은 아들이기 전 위대한 성왕의 꿈을 이어받아야 할 태자이기도 했기에 그에게는 허락되지 않은 생이었다. 무령왕과 성왕이 다져놓은 강력했던 왕권은 송두리째 흔들렸고, 천 길 낭떠러지에서 외줄타기를 하듯 위태로운 왕의 자리에 오른 창은 자신을 증명하고 또 증명해내야만 했다.

3막 | 능사 설립과 금동대향로의 제작

부여 왕릉원에는 성왕의 무덤으로 추정되는 2호 고분군이 있다. 그리고 향로의 뒤를 이어 출토된 '백제 창왕명 석조 사리감'에 적힌 명문의 내용으로 보아 능사는 왕실의 무덤을 지키기 위해 백제 왕실이 발원한 왕실 전용의 사찰로 567년 창왕 재위 13년째 되는 해에 세워졌음을 알 수 있다. 사리감의 앞면에는 '百濟昌王十三秊太歲在, 丁亥妹公主供養舍利'라는 글씨가 새겨져 있는

데, '창왕 13년 정해년에 (왕의) 누이인 공주가 사리를 공양했다'고 해석된다. 삼국사기에 담긴 얼마 안 되는 기록 중 위덕왕의 대외 활동이 등장하며 본격적인 외교 행보를 보이기 시작한 것도 바로 이즈음이다. 아버지를 억울하게 잃은 비통한 아들에서 위대한 성왕의 꿈을 이룰 위엄있고 덕 있는 왕, 위덕왕으로서 한 발을 내디디는 감격스러운 순간이다.

백제 창왕명 석조 사리감

 산 사람은 살아야 한다고들 말한다. 살아남은 이가 먼저 간 이를 떠나보내는 애도의 기간은 몇 년이어야 충분한 걸까. 3년 동안 괴로움에 몸부림친 기간은 위덕왕에게는 제대로 된 애도의 기간이 아니었을지 모른다. 왕위에 오르기까지 3년, 그리고 왕위에 올라 능사를 짓고 향로를 만들기까지 13년. 위덕왕의 애도는 이때부터가 아니었을까.

 그렇게 왕의 기도가 시작된다. 때로는 애통함으로, 때로는 간절함으로, 어느 날은 아비를 향한 아들의 그리움이 되었다가, 어느 날은 선왕의 꿈을 이뤄드리겠다는 결심도 되었으리라. 자신을 일으키고, 나라를 일으키기까지 어디까지 올라야 하늘에 닿는지 가늠할 수도 없는 열두 줄기의 하얀 연기는 그저 높이 높이 피어오를 뿐이었다.

금동대향로 속에 담긴 염원과 바람

금동대향로가 출토되고 학계는 발칵 뒤집혔다. 백제의 예술은 1971년 무령왕릉 발굴을 시작으로 1993년 금동대향로, 2007년 왕흥사지 사리감 출토로 재조명되었다.

금동대향로도 처음에는 "백제의 예술의 수준이 이 정도였던가? 그럴 리 없다, 중국의 박산로가 아닌가"하며 그 기술 자체를 놓고도 의견이 분분했고, 향로에 담긴 메시지와 의미에 대한 논란 또한 끊이지 않았다.

백제는 불교 문화를 찬란하게 꽃피운 나라이다. 도교와 불교의 세계관이 혼재된 향로가 만들어진 것을 통해 백제가 다양한 문화를 받아들이는 데 매우 개방적이었고, 수용한 문화를 백제만의 독창적인 예술 세계로 발전시켰다고 해석해 볼 수 있다. 또한 국가적 차원의 보물로써가 아니라 아비를 잃은 아들의 마음을 헤아려본다면 한층 더 깊이 이해할 수 있는 이야기이다. 남겨진 이들이 할 수 있는 일이란 하느님, 부처님, 천지신명, 누구에게라도 좋으니 드릴 수 있는 최고의 정성을 드려 부디 아픔도 고통도 없는 좋은 곳에 가기를, 그곳에서 못 다한 꿈을 모두 이루기를 간절히 기도하는 일밖에 없지 않았을까.

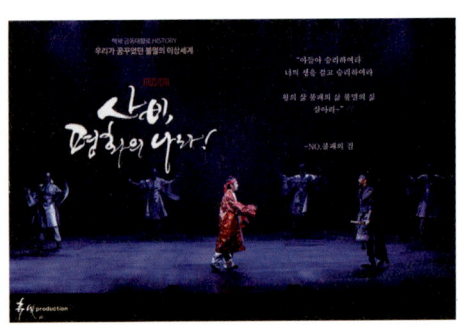

뮤지컬 <사비, 평화의 나라>의 한장면. 꿈속에서 죽은 아버지 성왕을 만난 위덕왕

그리하여 마침내 비극을 비극으로 끝내지 않기 위한 다짐은 염원이 되어 아름다운 황금빛 보물에 담겼고, 애타는 눈물의 기도는 기적이 되어 그 모습을 드러내었다.

금동대향로 속 이상 세계

금동대향로

향로는 크게 뚜껑과 몸체로 나눠진다. 하늘로 승천하려는 듯 한쪽 다리를 치켜들고 고개를 들어올린 용의 입 속에서 연꽃이 한 송이 피어오른다. 8개의 꽃잎이 세 겹으로 피어있는 연꽃에는 신수(神獸)에 올라탄 선인과 악어, 네 발에 날개를 가진 동물, 날개 달린 물고기 등이 살고 있는 불교의 극락세계가 담겨져 있다.

뚜껑 부분에는 신선들이 산다는 도교의 신산(神山)이 우뚝 솟아있고, 그곳에는 코끼리의 등에 탄 사람, 말을 타며 활을 쏘는 사람과 산책을 하거나 명상을 하는 사람이 있다. 포효하는 맹수와 돌진하는 멧돼지, 코끼리 코를 가진 이상한 새, 무서운 얼굴 하고 나쁜 기운을 물리치는 포수, 사람의 얼굴을 한 인면조신, 노래하는 오악사와 다섯 마리의 새들, 그리고 꼭대기에는 봉황 한 마리가 내려 앉아 평화로운 작은 세상을 내려다보고 있다.

불교의 영향이냐 도교의 영향이냐를 묻는 후손들에게 그것이 그리도 중하냐고 되묻는 것만 같이, 어울릴 듯 어울리지 않는 서로 다른 세계가 한데 어우러진 향로 속 세상은 그저 놀랍도록 평화롭기만 하다.

금동대향로에 향을 피우는 영상 중 한 장면

역사 속 봉황 이야기

봉황[1]은 동아시아의 전설에 나오는 상상 속의 새로, 중국의 가장 오래된 지리서인 산해경(山海經)을 비롯한 여러 문헌에 등장한다. 봉황은 동방 군자의 나라에서 나와서 사해(四海)의 밖을 날아 곤륜산(崑崙山)을 지나 지주(砥柱)의 물을 마시고 약수(弱水)에 깃을 씻고 저녁에 풍혈(風穴)에 자는데, 이 새가 세상에 나타나면 천하가 크게 안녕하다고 한다. 그래서 봉황은 성천자(聖天子)의 상징으

창덕궁 대조전 동벽에 그려진 봉황도

로 인식되었다. 이처럼 봉황이 천자의 상징이 된 까닭은 봉황이 항상 잘 다스려지는 나라에 나타난다고 믿어 천자 스스로가 성군(聖君)임을 표방한 데 연유한다.

  금동대향로의 상단부의 새가 성군(聖君)의 덕치(德治)를 증명하는 봉황인지, 세상에 처음으로 일출을 알리는 소리를 낸다는 천계(天鷄)[2]인지는 기록과 유물로만 증명하자면 확실히 단정 짓기는 어렵다.

  금동대향로를 통해 표현하고자 했던 세계는 성왕과 위덕왕의 이름에서도 유추해볼 수 있다. 성왕이라는 이름은 인도 신화에서 통치의 수레바퀴를 굴려, 세계를 통일하고 지배하는 이상적인 제왕을 말하는 전륜성왕(轉輪聖王)[3]의 약칭이다. 전륜성왕은 불교적으로 중요한 의미가 있어 불교를 나라의 통치 수단으로 도입한 삼국시대 왕들이 가장 닮고 싶어 했던 존재 중 하나였으며, 위덕[4]이라는 이름도 불교에서 말하는 불보살이나 위대한 성자(聖子)의 인격을 말한다고 한다. 그리고 전쟁이 끊이지 않던 혼란스러운 시대, 평화로운 이상 세계를 염원했던 왕의 기도가 이루어지기라도 한 것처럼 향로 위 봉황은 잠시 잠깐 출몰

하였다 사라지는 것이 아니라 아예 자리를 잡고 내려앉아 향로 속 세상을 내려다보고 있다.

사비 천도에 얽힌 봉황 이야기

사비 천도에는 황금의 새에 얽힌 매우 흥미로운 전설이 남아있다.

> 성흥산 토굴에서 수행하던 노스님이 참선 중에 봄볕이 따사로워 잠시 낮잠을 청하였는데, 한 마리 큰 새가 서쪽에서 날아와 스님의 토굴인 성흥산 자락의 큰 바위에 앉았고, 그 새는 눈부신 황금빛이었다. 그리고 황금빛 큰 새는 순간 관음보살로 변했다. 같은 꿈은 며칠간 반복됐다.
> 이 소식은 백제 성왕의 귀에까지 들어갔고, 이에 성왕은 사비로 천도할 시기가 왔음을 직감하고 이곳에 사찰을 짓도록 했는데 황금빛 큰 새가 나타났다 하여 그 절을 '대조사(大鳥寺)'라 부르게 되었다는 이야기이다.
>
> – 불교신문 2757호(10월 8일자)에서 발췌 요약 –

청소년기를 웅진에서 보낸 위덕왕은 아버지의 사비 천도의 과정을 지켜보며 자랐다. 천도를 감행했다는 것은 탄탄한 왕권과 재력이 뒷받침되어 있었다는 방증이기도 하다.

성왕이 다스리던 평화로운 시절, 사비 땅으로 이들을 인도한 황금빛 큰 새가 예기치 못하게 아스러진 성왕의 갑작스런 죽음으로 내려앉을 곳을 찾지 못하고 있다가, 향로가 완성되어 아들의 기도가 하늘에 닿을 때쯤 이 땅에 내려앉은 것은 아닐까.

금동대향로 속에 담긴 염원과 바람

성경에도 "한 세대는 가고 한 세대는 오되 땅은 영원히 있도다.(전도서 1:4)"라는 구절이 있다. 이 땅에 태어나고 죽어간 많은 인생들이 빌었던 간절한 소원은 당세에는 이루어지지 않는 경우가 많다. 꿈을 이루지 못하고 안타깝게 세상을 떠난 이들의 이뤄지지 않은 기도는 하늘을 배회하다 후대의 누군가를 통해 이루어지기도 한다.

아버지의 염원을 잊지 않고 이루고자 몸부림친 불효자의 기도는 그 죄송한 마음만큼이나 묵직하게, 그리고 간절하게 상달되었으리라. 하지만 기도에 응답이 어떻게 이루어졌는지 단편적인 기록과 고고학적 흔적만으로는 다 확인할 길이 없다. 비록 향로에 새겨진 아름답고 평화로운 이상세계가 아버지의 시신을 회수하고 보복 전쟁에 승리해 한강을 재탈환하는 결과로는 이어지지 못했지만, 적어도 1,330년의 시간을 넘어 불멸(不滅)에 가까운 모습으로 우리 앞에 등장한 향로의 사연이 신비롭기 그지없기에 나는 기도가 이루어졌다고 덜컥 믿고 싶어진다.

그리고 채 이루지 못한 꿈이 성왕에게서 위덕왕으로 계승되었듯, 아직 만족할 만큼의 평화를 얻지 못했다 말하는 후손들에게 "그렇다면 그대가 이루어주지 않겠는가"하고 간곡하게 부탁하는 소리처럼 느껴진다.

우리는 더 이상 통치자에게 나라의 안녕과 백성의 평안을 기대하지 않아 기도조차 하지 않는 현실 속 어른이 되어 버렸다. 그러니 봉황이 내려앉는 평화로운 이상세계를 기원했던 위덕왕의 기도는 현실을 모르는 순진한 꿈이라 치부

될 지 모른다. 하지만, 향로가 우리에 전하고 싶은 이야기는 바라는 것은 반드시 이루어지며, 바라고 원하던 자가 결국 기도를 이루는 주인공이 된다는 희망이 아닐까. 꿈은 현실에 아무 힘도 발휘하지 못하는 나약한 것이 아니라 희망을 이뤄나가는 땀방울이라 믿고 싶은 오늘이다.

  지금 생각해 보면 부여에서 금동대향로를 만났던 날의 알 수 없던 심경은 희망으로 넘겨주는 역사의 바통을 얼떨결에 이어 받아버린 자의 당혹스러움이었던 것 같다. 부족한 역사의 퍼즐들은 상상력으로 채울 수 밖에 없다지만 이 행복한 상상이 부디 사실이었기를 기도해 본다.

  전쟁에 승리하고 영토를 확장한 왕들만 기억되는 역사 속에서 백제의 패망과 함께 땅에 묻혀버린 왕의 기도는 그렇게 금빛의 향로가 되어 나를 찾아왔다.

봉황전설

작사 : 휴빛
작곡 : 유결

웅장한 용울음 속 피어난
연꽃 같은 그 세상
모두가 평화롭고 행복하네
굽이 굽이 천산에서
오악사 연주하고
왕도 백성도 신선도 사람도
모두 함께
하나의 연꽃 품은 세상에서
노래하며 살아가네

봉황을 기다리네
봉황을 기다리네
아들아 잊지 말아라
이것이 바로 내가 꿈꾸는 나라
우리가 꿈꾸는 나라

- 뮤지컬 <사비, 평화의 나라> 넘버 중 -

1) 출처 : [네이버 지식백과] 봉황 [鳳凰] (한국민족문화대백과, 한국학중앙연구원)

2) 중국에서 전 세계의 닭의 왕으로 여겨진 특별한 닭이다. 천계는 도삭산(度朔山)이라는 신성한 산에 있는 거대한 복숭아나무에 살면서 해가 뜰 때 태양이 이 나무를 비추면, 아침을 알리는 소리를 냈다고 한다. 이것이 세상에서 처음으로 일출을 알리는 소리로 이 세상에 존재하는 다른 모든 닭들은, 천계의 소리를 신호 삼아 차례대로 시간을 알리는 울음소리를 냈다고 한다. [네이버 지식백과] 천계 [天鷄] (환상동물사전, 2001. 7. 10. 구사노 다쿠미, 송현아)

3) 출처 : [네이버 지식백과] 전륜성왕 [轉輪聖王] (두산백과)

4) 출처 : [네이버 지식백과] 원불교대사전

김지은 jreun_love@naver.com

서울에서 부여로 내려온 지 5년 차로 학생들에게 국어 논술과 일본어를 가르치고 있다. 금동대향로에 꽂혀 2020년 사단법인 사비나래를 세우고, 같은 해 10월 성왕과 위덕왕을 주인공으로 한 뮤지컬을 만들어 공연을 올리기도 하였다. 일본에서 수년간 유학한 경험을 살려, 부여에서 다수의 문화유산 관련 국제 행사를 개최하고 있다.

부여답사기

1,400년 전
사비백제 속으로

STOP 1 백제문화단지

STOP 2 백제왕릉원

STOP 3 국립부여박물관

다시, 금동대향로를 만나다

김지은

　나는 굉장히 소극적인 내향인이다. 사람들 앞에 서거나, 누군가에게 무언가를 권하는 게 맞지 않아 직업 선택에도 제한이 많았다. 그런 나도 뭔가에 빠지게 되면 이렇게 적극적일 수 있다는 걸 알게 해준 게 바로 금동대향로이다. 부여에 온 지 삼 년째 금동대향로를 만났고, 그 때 내가 받은 감동을 그대로 전해주기 위해 그동안 지인과 일로 얽힌 사람들에게 향로를 소개하고 전해왔다.

　하지만 이번 투어는 준비하는 내내 이전과는 또 다른 특별한 떨림이 있었다. 무엇보다 문화유산을 사랑해서 모였다고 자부하는 사람들이 아닌가. 1,400년을 땅에 묻어뒀던 금동대향로가 우연히 발굴된 것처럼. 이번 부여 답사를 통해 모두의 마음 속 깊이 묻혀있던 가슴 설레는 무언가가 캐내어지길 원하는 마음이었다.

　첫 답사지는 백제 문화 단지였다. 먼저 백제역사문화관에서 한성백제, 웅진 백제, 사비 백제에 이른 전반적인 이야기를 듣고 밖으로 나오니 추울 거라는 예상과 달리 쨍한 하늘이 기분 좋게 우리를 맞아주었다. 기록도 고증할 만한 흔적도 미미한 그 시대의 기술과 그 안에 깃든 정신을 재현한다는 것은 처음부터 무모한 도전이었을지도 모른다. 그러나 마침내 최고의 예우를 다해 백제의 왕궁과 능사를 재현해 냈고, 그 정성스런 작업들은 우리의 발걸음을 멈추게 하기에는 충분한 것이었다.

　두 번째 답사지인 백제왕릉원(구 능산리 고분군)로 이동했다. 향로 출토지에서 듣는 발굴 이야기는 몇 번을 들어도 신기하고 오묘하다.

이미 알고 있는 이야기지만 익숙해지다 보면 감동에 무뎌질 때가 있는데, 그럴 때마다 어김없이 나는 향로 투어를 기획한다. 그리고 처음 듣는 이들의 생생한 반응에 다시금 식었던 불이 붙기도 한다. 왕릉의 고분으로 이동해, 성왕의 무덤으로 추정되는 고분 앞에 서니 마음이 숙연해진다. 일본 서기의 기록처럼 정말로 성왕의 머리는 신라의 북청 계단 밑에 묻혀 애타게 기다리는 아들의 곁으로 돌아오지 못한 것일까.

역사는 마치 잃어버린 퍼즐 조각을 찾는 것 같다. 정답이 없는 답안지에 최선을 다한 상상력으로 적어 내려간 역사의 해석들은 찾아낸 퍼즐 한 조각에 어이없을 정도로 간단히 뒤집히기도 하고, 영원히 묻힐 뻔한 진실이 드러나 완전히 새로운 이야기가 펼쳐지기도 한다. 뒤집고 뒤집히기를 반복하며, 역사의 퍼즐은 완성되어 간다. 하지만 전복되는 결과가 두려워 상상하는 용기를 내지 못한다면, 그것 또한 예우가 아니지 않을까.

투어의 마지막 코스에 금동대향로를 넣은 것은 다분히 계획된 것이었다. 실물을 보고 싶은 호기심과 궁금증이 끓어올랐을 때, 향로를 보게 하고 싶었다. 아무 사전 정보 없이 금동대향로를 보는 것도 나름의 충격 효과가 있겠지만, 아무리 기대치가 높아진다 한들 그 기대치를 충족하지 못할 리 없다는 자신감도 있었다.

향로는 내 눈에만 어여쁜 고슴도치 새끼가 아니다. 스윽 보고 끝날까봐 안타까운 마음에 설명을 덧붙이고 덧붙여도 전혀 과함이 없는, 알면 알수록 깊이 우러나는 차의 맛과 같다.

투어가 끝나고 국립 부여박물관의 주차장에 모인 눈빛들이 백제 문화에 대한 자부심으로 반짝거린다. 같은 걸 보아도 각자가 느낀 것이 다르니, 교수님과 동기들의 답사기가 내심 기다려지는 밤이다.

오지연

황금 봉황이 날개짓을 멈추며 살포시 내려 앉은 곳은 백제금동대향로의 몸체 중 하늘과 가장 가까운 곳이었다. 우주의 삼라만상의 염원을 하늘로 연결시어주듯 피어오르는 희박한 연기는 사비꽃의 전설을 머금은 낙화암의 그리움과 애잔함의 날숨이었으리니.

그리듯 펼쳐진 옛 백제의 재현 모습에 펼쳐지는 상상의 나래의 끝은 절제된 검소함 속에서 비집고 나오는 화려함이 신박하였던 옛 장인들의 차마 못다 이룬 손결을 품은듯 하여 잔잔한 벅참과 감사함으로 꿈결인 듯 생시인 듯 눈에 담은 들숨을 차마 뿜어내지 못했다. 잊힐까 두려워 다시 찾아올 그곳. 백제의 숨이 머무는 백제역사문화관에 마음길 하나 열어두고서야 '정양문'을 나섰다.

임세환

일상의 굴레에서 벗어나 새로운 시간과 공간을 접하는 일은 항상 가슴 설렌다. 부여 답사에서 마음 속에 오랫동안 남은 것은 다름 아닌 백제문화단지 벽에 적혀 있는 '검이불루 화이불치(儉而不陋 華而不侈)'라는 글귀였다. 뜻을 풀이하자면 '검소하지만 누추하지 않고 화려하지만 사치스럽지 않다'이다. 이는 삼국사기의 저자인 김부식이 백제 온조왕이 지은 궁궐을 평가한 말로, 긍정과 부정의 어법을 절묘하게 엮어서 만들었을 뿐만 아니라, 그 의미 또한 멋들어진 표현이 아닐 수 없다. 이러한 백제의 궁궐 건축에 대한 평가는 정도전이 한양도성을 설계할 때도 그대로 적용된 것으로 알려진다. 나에게도 앞으로 항시 염두에 두고 곱씹어야 할 보배 같은 말이라 생각한다.

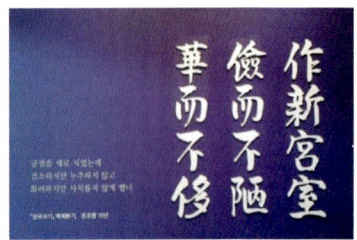

백제문화단지 전시관 내 김부식 글귀

박지훈

왜 부여군의 상징꽃은 불교의 대표적인 꽃으로 알려진 연꽃일까? 답사 후, 부여가 '연꽃의 나라'라는 것을 알게 되었다.

지리적 상상력을 펼쳐보면, 연꽃은 부여의 자연, 역사 및 문화를 담고 있다. 먼저, 궁남지 주변의 넓은 들(이하 궁남평야)에 과거 빙하기에 형성된 V자형의 골짜기가 감쪽같이 감추어져 있다. 그 후, 기후가 온난해진 현세(홀로세)에 들어서면서 하천 수위가 높아져 백마강에 의해 운반된 최대 수 십 m 두께의 토사가 골짜기를 꽉 채워서 오늘날과 비슷한 궁남평야 경관이 만들어졌다. 따라서 궁남평야가 농경지로 이용되기 이전 특히 사비백제시대(538~660년) 보다 훨씬 이전에 저습지 환경(소택지)이 상대적으로 우세했던 공간을 중심으로 연꽃 군락이 서식했을 것이다.

그리고 사비백제시대~현재에 이르는 동안에도 다양한 형태의 연꽃 흔적을 확인할 수 있다. 예를 들어 백제금동대향로의 몸체에 새겨져 있는 연꽃, 부여 능산리 절터에서 출토된 연꽃무늬 기와, 능사5층목탑 부근 연못의 연꽃, 궁남지의 연꽃 군락과 서동연꽃축제, 늙은 연잎이 안성맞춤인 연잎밥, 약 1,400년 전 연꽃 문양의 와당을 본 뜬 연꽃빵 등이 있다.

우리의 문화유산답사도 '대향로의 연꽃' 만남을 시작으로 연잎밥을 먹고, '연꽃무늬 기와'를 확인하고, '연꽃빵'을 선물 받고 끝났다. 나는 답사 내내 연꽃이 되었다.

백제 능산리 절터 출토 연꽃무늬 기와

이은경

첫 방문지인 백제문화단지에서 재현해 놓은 사비성과 능사를 보았다. 혹자는 일본 건축 같다고도 한다. 당연한 일이다. 백제의 건축술이 일본에 전해졌고, 백제의 목조건축은 사라졌지만 일본에선 계속 유지되었으니. 여기서 '하앙(下昂)식'으로 지붕의 무게를 떠받치고 있다는 것을 처음 보았다.

백제 왕릉원의 7기는 3가지 양식으로 구분된다. 성왕의 능으로 추정되는 중하총은 입구가 아치형으로, 웅진시대 무령왕릉과 비슷하지만 재료가 화강암이라는 점이 다르다. 입구가 사각형인 동하총은 고구려 고분벽화처럼 사신도를 그렸는데, 백호의 모습이 무섭지 않고 친근한 것이 인상적이었다. 나머지 5기는 입구가 육각형이다.

한 번 봤다고 다 본 것이 아니다. 한 번 배웠다고 다 아는 것이 아니다. 오늘 부여 답사가 그랬다. 여러 번 가본 곳이라 '다 알고 있다'고 착각했었다. 그러나 오늘 다니면서 또 새로운 것들을 많이 배웠다.

백제 목조 건축물의 하앙(下昂)식 구조

이세정

 경복궁이나 창덕궁에 갈 때마다 감탄해 마지않는 것이, 여러 천장의 문양이다. 고개를 젖히고 그 화려한 색감과 패턴에 무아지경으로 빠지곤 한다. 왜 이런 문양을 오마주한 현대식 타일은 없는 걸까? 백제문화단지에 조성된 사비궁에서도 또 하나 마음 가는 아이템을 찾았다. 중궁전으로 향하는 길목, 삼족오처럼도 보이는 봉황이 새겨진 바닥재와 그 옆의 연꽃문양 타일들. 백제 왕궁을 재현하기 위한 장치의 하나였으니, 백제 사비시대 이미지들을 형상화한 상징물이리라. 큰 예산을 들여 디자인하고 제작하는 만큼, 관급공사에만 사용하지 말고 일반인도 직접 구매할 수 있는 상품이 되면 좋겠다. 부여, 공주, 익산의 집집마다 봉황이 날고 연꽃이 피는, 꿈도 꿔 본다.

유규상

 문화유산을 공부하다 보니 기록의 중요성을 절감한다. 선시시대에는 문자가 없으니 기록이 없는 것이 당연하지만, 삼국시대 왕들의 무덤은 백제 무령왕릉을 제외하고는 그토록 철저하게 그 주인을 알 수 없음은 무슨 연유일까? 신성함을 불러 일으키기 위한 의도인지 아니면 무위자연 속에 자신을 영원히 숨기려는 의도인지 궁금증을 자아낸다. 무덤의 주인을 알았더라면 우리의 고대사가 더욱 풍부해질 것이고 중국, 일본과의 역사 전쟁에서 유리한 국면을 선점할 수 있었을 텐데, 못내 아쉽다. 그런 면에서 고대시대의 많은 기록과 유물을 가지고 있는 일본이 부럽다. 결국 한 조각의 흔적이라도 찾아서 역사의 퍼즐을 맞추는 일은 우리 학도(學徒)들의 몫이 아닐는지.

봉황과 연꽃 부조의 타일 디딤석

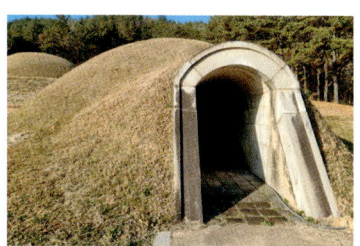

무덤 주인을 모르는 백제시대 고분들

오이석

　어린 날 소풍 가는 설렘으로 마음이 먼저 부여로 달려갔다. 대학원 선배의 해박하고 열정적인 해설과 탐 교수님의 지리적 고찰에 감탄하며 1,400년 전의 역동적이며 찬란했던 사비 백제를 여행했다. 백제 문화의 특성을 일컬어 '검이불누 화이불치(儉而不陋 華而不侈)'라고 표현하듯, 사비 백제를 재현한 건축물과 부여 왕릉원은 물론 부여박물관의 금동대향로마저도 권력의 상징에서 느껴지는 경외감보다는 인자하신 부모님 품안의 온기가 전해졌다. 낙화암의 3천 궁녀 이야기는 조작되었다는 것이 정설이지만, 부모처럼 존경했던 임금과 나라의 패망을 눈앞에서 보며 굴욕적인 삶보다 의연한 죽음을 선택한 백제의 넋이 얼마나 많았을까?

　이제 3천 궁녀는 의자왕과 백제의 마지막 충신으로 재평가되어야 하지 않을까 하는 생각을 하며 박물관을 나서는데 비신(碑身) 없는 귀부(龜趺) 하나가 눈길을 끈다. 가까이 가보니 '조선 16~18세기'라고 기록된 안내석이 있다. 천안삼거리공원의 귀부처럼 짝 잃은 그 내력이 궁금하다. 영원히 기록되고자 하는 인간의 욕망이 무상(無常)한 세월에 덧없다 할지라도 400여년 전 부여에 큰 족적을 남겼을 비신의 주인공은 백성을 아끼는 청렴한 선비였을 것이다.

비신 없는 귀부

김인숙

그동안 체험학습을 진행하며 부여를 많이 다녔다고 생각했는데, 이제까지 백제문화단지도 못 봤으니 창피한 노릇이다. 왕궁 추정지라고 내세우는 여러 지역의 유적지를 보면서 그때 그들의 생활상을 그려보지만, 이 백제문화단지의 사비궁은 그들의 삶을 상상할 필요 없이 바로 느낌으로 알 수 있는 포스를 갖고 있다. 1박2일 체험학습을 진행해야 할 정도이다.

부소산성을 기준으로 관북리 유적지는 6명의 왕이 거처했던 사비궁으로 추정하고 남쪽으로 궁남지가 있고, 서쪽은 백마강이 휘감고, 동북쪽은 나성을 둘러 천혜의 요새로 만든 계획도시를 만든 사비인들. 그들이 한땀한땀 쌓아 올렸을 저 5층 목탑을 보면서 또 한 번 감탄을 한다. 부여에서 목탑을 볼 것이라고는 생각도 못했는데, 나무의 섬세하고 부드러운 느낌의 목탑이 계속 눈에 끌리고 오사카의 사천왕사와 호류사의 5층 목탑과 오버랩되면서 백제의 화려하고 야무진 문화가 아스카시대의 사찰 호류지와 함께 사천왕사에 영향을 끼쳤을 거라는 생각에 도달하니, 조금은 백제 문화의 경지가 이해가 된다.

사천왕사에서 가이드가 쇼토쿠 태자가 백제의 장인을 모셔다 지었다고 했는데, 그동안은 그 느낌을 제대로 알지 못했다. 이 능사의 목탑을 보면서 다시 한번 백제의 중흥을 꿈꿨을 그들의 문화 수준에 감탄한다. '백제의 미소'에 이어 새로운 면모를 발견했다.

"아녀유~ 백제 그런 나라 아니어유~" 하는 해설사 분의 말씀에 공감한, 행복한 동행이었다.

일본 오사카의 사천왕사 5층 목탑

백제문화단지 내 능사 5층 목탑

구세주

백제는 제가 정말 잘 압니다! 백제금동대향로가 표지에 떡하니 자리하고 있는 고등학교 국사 교과서는 저의 자부심이었습니다. 빼곡한 필기와 형형색색의 밑줄은 열심히 수업을 들었다는 방증이었으니까요. 안타깝게도 삼국시대까지만 자부심이었습니다. 그 뒤는 설명하지 않아도 아실 테지만 원형 그대로 보존해두었지요. 하지만 백제만큼은 자신 있었습니다. 그렇게 의기양양하게 찾은 부여는 교과서에서는 절대 알 수 없었던 세계를 보여주었습니다. 생생한 백제의 흔적이 저를 설레게 하였습니다. 활자 속의 백제는 어느덧 눈앞에 펼쳐졌고 저는 1,500여년 전 그곳에 서 있었습니다. 백제금동대향로를 모르는 우리나라 사람이 있을까요. 모두가 아는 우리의 보물이지만 저는 그 보물을 오늘에서야 비로소 제대로 마주하였습니다. 신비로움을 머금은 그 자태를 아직 눈에 담지 못한 분들은 귀한 시간 내어 꼭 직접 보시길 바랍니다. 살아있는 역사를 체험한 이 시간에 너무 감사합니다.

김상아

슬슬 쌀쌀해지는 가을날, 부여 답사의 시작은 연잎밥이었습니다. 역시 금강산도 식후경이라고 살짝 얼었던 몸도 풀어지고 배가 차니 아름다운 풍경이 더 눈에 들어오더라고요. 시작으로 능산리 고분군에 도착했습니다. 능산리 고분군의 모든 무덤들은 굴식 돌방무덤이였고, 총 7기의 무덤이 있고 봉분이 생각보다 거대했습니다. 국립부여박물관의 백미는 역시 백제금동대향로였습니다. 어렸을 적 수학여행에 와서 스치듯 안녕했던 기억이 있는데 배경지식이 생긴 후 본 금동대향로는 또 다른 영감을 주더군요. 항간에 박물관 금동 대향로가 가품이라는 소문이 있었는데 이날 확실하게 도장 받았습니다. 진품이라고 합니다. 진위를 확인받고 나니 더 신비로워 보이는 느낌이 들었습니다.

백제 왕릉원에서

에필로그

백제 왕릉원 능사지에서 단체 촬영

오지연

글로 표현하고 그것을 누군가 읽게 된다는 것은 진실과 오류의 사이에서 선택을 해야 하는 실로 어마어마한 일이었습니다. 글 주제 선정에 내 고향의 수호신, 행당동 아기씨당을 주저 없이 제목으로 정하며 생각보다 무지한 나의 정보에 당황하였지만, 격려와 기다려주는 마음들이 있어서 완고(完稿)할 수 있었습니다.

내 생애 가슴 벅찬 기회를 주신 탐 교수님께 감사드리며, 책으로 묶인 특별한 인연의 원우들께도 깊은 애정을 드립니다. 감사합니다.

박지훈

지리학자인 나는 기존에 없는 방식으로 '공산성의 이야기'를 쓰고 싶었다. 글을 쓰는 동안에 낮에는 현실의 공산성을, 밤에는 꿈 속의 공산성을 자주 산책하였다. 대학원 선생님들과 공동 결과물을 만들어가는 과정에서 그들의 글과 코멘트를 통해 오히려 내가 많이 배웠다. 그리고 작업 과정에서 그들의 열정과 순수함에 나는 매번 감탄하였다. 그들 모두는 나의 선생님이다. 그들과 앞으로도 소중한 인연을 계속해서 이어가고 싶다. 선생님들 모두 정말 고생했습니다. 그리고 고맙습니다.

유규상

초등학교 시절, 전깃불이 들어오지 않는 시골집에서 희미한 등잔불로 밤을 밝히며, 호랑이 담임선생님께서 과제로 낸 일기를 쓰곤 했다. 그때 손때 묻은 몽당연필로 쓴 빛바랜 일기장이 지금의 나에게는 국보급 기록물이 되었다. 이후 시간이 많이 흘러 인생을 담금질해 가며 펜을 다시 들게 된 것은 공주대 박지훈 교수와 함께 한 충청도 양반골 외암민속마을에 관한 에세이를 작성하는 시점부터이다. 최근에는 백의 종군길의 충무공 이순신 장군이 돌아가신 모친을 만났다는 게바위(해암)를 답사하고, 역사 현장을 찾았다는 기쁨을 감상문으로 표현해 보기도 하였다. 요즘 나는 문화유산을 소재로 소소한 일상을 글로 쓸어담는 여정이 즐겁다.

이은경

오늘 아침 마곡사에 갔다. 안개가 자욱하여 앞이 보이질 않았다. 고속도로이니 분명히 길이 있다는 건 알겠는데 앞이 보이질 않으니 길이 없는 것 같았다. 잔뜩 긴장을 하고 더듬더듬 나아갔다.

우리의 책을 만드는 과정이 그랬다. 한 학기 동안 수업을 들으며 글을 쓰고 서로 코멘트해 주며 조금씩 나아갔다. 그 과정이 아름다워서 졸작(拙作)이라도 뿌듯하다. 또 하나 열심히 할 거리가 있었던 이번 가을이 감사하다.

김인숙

20년 전에 시골로 이사를 오고, 시골에서 내 아이를 키우기 위해 직접 체험학습을 시작하면서 시작된 일들이 지금은 나의 일상이 되었다. 볼 때마다 유적, 유물들이 나에게 다른 얘기들을 하는 것 같아 '같은 장소 다른 느낌'으로 하는 체험학습을 좋아한다.

그동안 문화재청의 '살아 숨쉬는 향교, 서원사업'으로 금산향교에 새로운 바람을 불러 일으켰고, 많은 이들이 향교를 향유할 수 있도록 하는 데 일조하고 있다. 2022년에는 금산향교와 신안사에서 문화재활용 사업을 더 멋지게 진행하고 싶다.

오이석

천안의 도로명 주소에는 천안삼거리길이 없다. 천안삼거리공원의 주소는 천안시 동남구 충절로 410이다. 천안삼거리공원에서 가을마다 흥타령춤축제가 열리는데, 코로나19로 2020년에는 취소되었고 2021년에도 간소하게 치러졌다. 공원의 재조성 사업이 예정되어 공원 관리가 뒷전으로 밀린 탓인지, 축제가 없는 공원 모습은 좀 을씨년스럽다. 재조성되기 전, 지금의 공원 모습을 새겨두고 싶던 차에 이렇게 좋은 기회를 얻어 글을 쓸 수 있게 되었다. 내가 바라 본 느낌을 부족하지만 용기를 내어 공유한다.

이세정

딸 아이가 초등학생이 되고부터는 사교육 대신 매일 '자기주도적 학습'을 외쳐왔다. 그런데 나 역시 학창 시절을 보내며 그런 자세로 공부를 해 왔던가. 자기주도적 학습이 뭐냐고 물으면 난 대답이나 제대로 할 수 있을까. 그런데 불교 최초 도래지라는 전남 영광에 가서 불상을 뒤지던 순간, 뭔가 머리가 시원해지는 깨달음의 순간이 왔다. '아, 이것이 바로 자기주도적 학습이구나.' 누가 시키지도 않았는데 제 발로 이 먼 곳까지 와서, 재현 불상들 틈에서 깨달음을 얻다니. 이 멍한 기쁨을 알게 해 준 지난 4개월을, 평생 잊지 못할 것 같다.

구세주

제 모든 고민의 정점은 '내가 이걸 해낼 수 있을까?'입니다. 이번 기회도 역시 마찬가지였습니다. 살면서 이렇게 긴 글은 처음 써봤습니다. 이 부족한 글과 저를 항상 어여삐 여겨주시던, 저의 열 명의 선생님들께 감사드립니다. '버그내 순례길'은 저의 선생님들을 닮았습니다. 따뜻함과 편안함으로 제가 해낼 수 있다는, 그리고 끝까지 해내고 싶다는 용기와 의지를 주니까요! 그래서 두 번째 책은 언제 쓰면 되나요?

김지은

부여에 내려오기 전, 내 유일한 관심사는 내가 수년간 유학하며 지낸 일본이었다. 일본에 여행을 가고, 일본어를 가르치며, 한일 관계 회복을 위해 한일 문화 교류 행사를 만들고 통역을 하면서, 내 인생에 다른 새로운 관심사가 생길 줄 정말 예상치도 못했다.

부여의 금동대향로를 본 순간 '아! 이건 1~2년짜리가 아니겠구나'하는 불길한(?) 예감이 들었고, 지금도 내 머리 속은 온통 부여의 금동대향로를 널리 알리고 싶다는 생각뿐이다. 나를 보고 혹자는 왜 그렇게까지 하느냐고 묻지만 내 MBTI가 INFJ란 사실을 알게 된 후 그런 고민은 훌훌 털어버렸다. 나는 돈이 안 되는 대의에 인생을 거는 성향의 사람인 걸 어찌 하겠는가. 그리고 그에 대한 대가는 가슴 뛰는 설레임으로 충분히 받았다고 생각한다.

김상아

처음 한 자를 쓰는 데 오랜 시간이 걸렸다. 실기가 중요한 학과를 전공했던 나는 글을 쓴다는 것에 막연한 두려움을 가지고 있었던 것 같다. 부족한 글이지만 포기하지 않고 끝까지 쓸 수 있었던 이유에는 동기 선생님들과 교수님의 덕택이 컸다. 신생님들을 보며 나도 '무엇인가에 빠져 열정적으로 평생을 공부하고 싶다' 라는 꿈이 생겼다. 존경하고 감사합니다!

임세환

직장을 퇴직하고 나서 주위에 친구가 많아서 심심치는 않았다. 그러다가 무료함을 달래기 위해 가끔은 홀로서기를 시도했다. 우연히 내가 만난 문화유산! 그동안 해왔던 일과도 전혀 다른 새로운 분야와 친구가 되었다. 그리고 내 기억 속의 놀이동산 사정성의 부활을 꿈꾸며 새로운 달음박질을 시작했다.

보여주고 싶은 우리 동네 역사
문화유산 다이어리

1판1쇄 인쇄 2022년 3월 25일
1판1쇄 발행 2022년 3월 25일

지은이 오지연 박지훈 유규상 이은경 김인숙 오이석 이세정 구세주 임세환 김상아 김지은
편집 디자인 김상아 이세정
펴낸이 이세정
펴낸곳 쌍달북스
주소 충남 공주시 정안면 쌍달길 253-11
등록 2022년 1월 6일 제 450-2022-000001호
인쇄 및 제본 북스

ISBN 979-11-977739-0-7(03910)

이 책의 판권은 지은이와 쌍달북스에 있습니다. 책 내용의 전부 또는 일부를 재사용하시려면
반드시 양측의 서면 동의를 받아야 합니다.

이 도서의 국립중앙도서관 출판예정도서목록은 서지정보유통지원시스템 홈페이지(https://seoji.nl.go.kr)와
국가자료공동목록시스템(https://www.nl.go.kr/kolisnet)에서 이용하실 수 있습니다.